新選組局長　芹澤鴨

箱根　紀千也

はじめに

近年、「新選組」に関する書物が、常に何冊か書店に並ぶようになった。色々な研究者が色々な角度から「新選組」を研究し、名誉回復もなされてきたと思う。それはそれで嬉しいことである。しかし、興味本位で読むなら良いが、「新選組」結成時からの水戸派隊士の史実について論じた著書は、まだまだ少ないように思う。

特に、新選組局長「芹澤鴨」に関して書かれた書籍は、数が少ない上に、十分な検証を経ないまま、永倉新八や子母澤寛、またそれをもとに書かれた著名な歴史小説家や歴史研究家の話が、独り歩きしてしまっているように思う。

なお「芹澤鴨」について論じる場合、「新選組」という名称を用いる事が必ずしも適切ではないというご意見もあることは勿論承知している。また、「撰」の漢字で書かれる場合がある事も承知している。しかし本稿では、混乱や誤解を避けるため、現在一般的に使用されるようになった「選」の漢字を使用し、「新選組」以前の壬生浪士組についても、必要に応じ「新選組」の名称を用いる場合がある事を予めお断りしたい。

「芹澤鴨」は、一般的に、旧行方郡芹沢村（今の行方市）出身で、水戸藩郷士芹澤貞幹の三男であると言われている。ならば、茨城県行方市の郷土史を研究する者として、筆者が当然見過ごすわけにはいかない。そこで筆者は、この「芹澤鴨」の史実に迫り、従来の芹澤鴨説の問題点を明確化し、「芹澤鴨」の実像に迫りたいと思った。調査するうち、やはり思った通り、これまでの歴史研究家の方々の唱える通説と相反する結論を導いてしまった。

本書は、これまでの「芹澤鴨」に関する拙論に、若干の補足、加筆修正を加え、集成したものである。第一章から第三章は、それぞれ『常総の歴史』（崙書房）第四六〜四八号において論述したものであり、第四章は、『霊山歴史館紀要』第二二号において論述したものである。従って、第一章で判明しなかった事も、第二章では明らかになっている。同じように第一〜三章で判明しなかった事も、第四章では明らかになっている。例えば、下村嗣次が入牢した日、芹澤家分家の介次郎や亀三郎の生没年、芹澤家本家貞幹には三男と四男がおり、三男は「玄太」ではなく「兵太」の可能性がある事などである。しかし本書では、「芹澤鴨は芹沢村出身ではないと思う」という結論に至る迄の、筆者の追究の過程を知って頂きたく、文章の削除はしても、新しく判明した事による前章の内容の変更は極力しないようにした。

筆者の「芹澤鴨出生説」に関して、ある程度の予備知識をお持ちの読者は、初めは、信じられないかもしれない。筆者自身も、以前から「芹澤鴨」に関する通説に疑問を持っていたことは事実だが、ここまでとは思わなかった。書きながらなぜこういう結論になってしまうのか、信じられなかった。今までの「芹澤鴨」研究は、何だったのかとさえ思えてきた。

本書は、必ずしも「芹澤鴨が誰であるか」という疑問に答え切れていないが、誰よりも史実に近い芹澤鴨像を描き得たと思う。筆者は、「でも分家出生説を証明できていないではないか」という人に言いたい。「それなら、本家出生説を証明できる物があるのか」と。

色々なご意見もあると思うが、とりあえず読んでいただきたい。その上で、もう一度「芹澤鴨」について、併せて「新選組」についても考えて頂きたい。筆者は、新選組研究の専門家ではないので、当然間違いもあると思う。今後新しい発見により覆るかもしれない。芹澤鴨研究はまだ道半ばであるが、この著書に書かれていることは、手前味噌ではあるが、今のところ最も信頼できる説ではないかと思う。一つの問題提起として、これから研究しようとする方々や、興味をもたれた方の一助になれば幸いである。「新選組」のさらなる研究を期待するとともに、今後の「芹澤鴨」研究に役立つことを心から願うものである。

平成二十七年十二月

箱根　紀千也

新選組局長　芹澤鴨　目次

第二章　新選組芹澤鴨と下村嗣次……29

第一章　新選組芹澤鴨の出生

はじめに

新選組芹澤鴨の出生については、今なお謎に包まれたままであるが、一部の書籍や論文により少しずつ分析がなされている。これらの論述を元に、筆者なりに考察を加え、芹澤鴨の出生について解明したいと思い筆を執った。以下は、現時点で信頼でき得る鴨の出生に関する論述であると思う。

一　新選組結成の理由

一橋慶喜は文久三（一八六三）年正月五日、将軍家茂の後見役として京都に入り、本圀寺とあまり遠くない東本願寺を宿所とし、攘夷主張を避け開港に動いており、朝廷と反対の行動をとっていた。二月二十三日、将軍家茂が攘夷の勅使に応じ上洛することになった時、清川（きよかわ）八郎（名は正明・清河とも・一八三〇〜六三）は、山岡鉄舟（通称鉄太郎・一八三六〜八八）

を通じ、政治総裁職松平春嶽に、家茂の護衛のため江戸の浪士を集めて京都に送り込み、尊王攘夷派の志士たちを鎮圧して治安維持を図ってはどうかと上申した。こうしてできたのが「浪士組」であると言われ、「新選組」の前身となる(1)。三月三日の江戸帰還命令に対し、帰還組は「新徴組(しんちょうぐみ)」となり、京都残留組は会津藩預かりとなって「新選組」となった。

二　「玉造勢」下村継次と芹澤鴨

玉造郷校において尊皇攘夷を叫び、大津彦五郎と行動を共にして投獄された、水戸藩松岡領松井村神官「下村継次(しもむらつぐじ)」が、文久二（一八六二）年十二月、大赦によって釈放され、名を「芹澤鴨」と改め江戸に出て、浪士組に入るという説がある。『常陽藝文』にも、「下村継次」ではなく、「木村継次」と書かれているが、やはり芹澤は、「尊攘のために働くことを誇りとして（浪士組に）参加した」（カッコ内筆者補）や、「もと天狗党にいた」などと書かれている(2)。しかし筆者は、尊王攘夷派の「下村継次」と新選組の「芹澤鴨」が同一人物であるという意見に賛同することが、まだできない。近藤勇書簡の「水府脱藩士・下村嗣司こと改め芹沢鴨」を根拠に挙げる人もいるが、当時は変名を使用する者も多く、芹澤自身が経歴を偽った可能性もある。

三　永倉新八と『新選組顛末記』

『新撰組顛末記』は、大正二（一九一三）年「小樽新聞」に連載された、永倉新八（一八三九～一九一五）の回顧録をまとめたものであり、永倉の筆によるものでなく、インタビューによるものである。永倉新八は、天保十（一八三九）年の生まれで、連載当時は七十五才であった。二十代前半の頃のことを思い出しながら語った部分は、一概に信じられない点もある。昭和三（一九二八）年八月に『新選組始末記』（万里閣書房）を発表した子母澤寛も、この『新撰組顛末記』を大いに参考にしたと言われるが、永倉が、尊皇攘夷派の「下村継次」と、近藤勇書簡の「下村嗣司」を混同することも十分に考えられる。

大正二年三月、永倉新八のもとへ「小樽新聞」の記者が訪れ、幕末維新当時のことを聴かせて欲しいと要請した。新八が承諾すると記者が毎日訪れ、談話を聴取して帰った。テープレコーダーもない時代であり、メモと記憶によって原稿は起こされた。その結果は、小樽新聞に七十回にわたり、気軽な長編の読み物として連載された。後に昭和二（一九二七）年六月、新八の長男杉村義太郎が、父の十三回忌と母の七回忌を記念して、この連載記事を『新撰組永倉新八』と題する一冊の本にして、知人・友人に配付した。この書は、当時新聞記者だった子母澤寛の目にも止まった。その後昭和四十六年十月、この書は、新人物往来社によって復刻され、『新撰組顛末記』と改題して出版された。著者は永倉新八とされているが、厳密には新八の談話そのものではなく、談話を聴取した記者が、他の読み物を参照しながら書いた作品である。それ以前に刊行された、西村兼文の『新撰組始末記（一名壬生浪士始末記）』（明治二十二年）や、松村巌の『近藤勇』（内外出版協会・明治三十六年）や、新八自身も読んでいたという、「東京日日新聞」（後の「毎日新聞」）に連載された「実伝剣侠近藤勇」（鹿島桜巷・別名淑男筆・東京国民書院より『近藤勇』の題で明治四十四年刊）などを参照したと思われる。特に松村の『近藤勇』には、似た内容が書かれているそうである(3)。『新選組永倉新八』について、幕末維新史研究家の清水隆氏は、『新選組原論』（新人物往来社・二〇〇一年刊）の中で、「その史実性については、やや正確さに欠ける嫌いがある。」や、「新八の記憶違いもあるため、研究の分野に『新撰組顛末記』を用いる場合、他の文献と充分に照らし合わせて吟味する必要性を感じる。」と述べている(4)。

さらに、芹澤は過激な行動がたたって天狗党を除名されたとか、ささいな失態をとがめ数人の部下を一座に並べて首をはねたとか、近藤勇と芹澤は主義主張が合わず、近藤が幕府のために尽くしたのに対し、芹澤は朝廷のために尽くすと言っていたなどという伝承も、尊王攘夷派「下村継次」と新選組「芹澤鴨」同一人物説を裏付けるもとになっている。新選組を扱った読み物や伝承が、史実を曖昧にしてしまっている。

四　松本直子説の「下村継次」

後に田中真理子氏と共に『水戸天狗党』（講談社・一九七七年刊）や『土方歳三戊辰戦記』（新人物往来社・一九七六年刊）などを著した松本直子氏は、既に昭和四十八年発行の『新選組事典』（新人物往来社編）の中で、永倉の言う「下村継次」と尊王攘夷派の「下村継次」を比較し、「芹沢鴨と同名異人かあるいは全く別の人物—芹沢鴨は下村継次ではなかった—と考えられるが、玉造は芹沢城趾付近を指すので、無関係とも思われない(5)。」と述べており、関係があるとしても、尊皇攘夷派の下村継次が「玉造」にいたという点と、芹沢城趾が「玉造町」にあるという点だけであることを指摘している。当時玉造郷校には、各地から多い時で二百人近い尊攘の志士が集まっていた。似た名前の志士が偶然いたとしても、何ら不思議はない。しかも、芹沢村が玉造に含まれるようになったのは、昭和三十年以降である。筆者も、松本直子氏の説に従いたい。

残念ながら長屋芳恵（ながやよしえ）氏は、『新選組原論』の中で、松本直子氏のこの「無関係とも思われない。」の一文を折角引用していながら、その前の文章を省略してしまっているため、松本氏の言おうとしたことを正確に伝え切れていない(6)。しかも長屋氏は、第一に、尊王攘夷派の下村継次は死亡したように受け取られてしまったが、刑を執行された様子はないため、後の芹澤鴨であるかもしれないという。しかし、刑を執行されなかったとしても、捕縛された玉造勢のうち名前の分かっている者だけでも、二十人以上が獄死している。毒殺であったのではないかと言われている(7)。第二に、論述の途中から「下村継次」が「下村嗣次」に置き換えられている。第三に、芹澤鴨に「玉造勢」の首謀者大津彦五郎と同様のエピソード（自分の血で辞世の歌を書き記したという）があるからという理由で、「下村嗣次こそが芹澤鴨であった可能性が高い(8)。」と述べている。大津彦五郎と同様のエピソードがあることが、「下村嗣次が芹澤鴨と同一人物である」ことの根拠であるというのは、いかにも不自然な理由である。

五　芹澤鴨出生の定説と松本直子説

子母沢寛の『新選組始末記』によれば、芹澤鴨は、「常陸国芹沢村の郷士」で、「本名木村継次」と書かれ、釣洋一の『新選組再掘記』（新人物往来社・昭和四十七年・一九七二）によれば、「芹沢貞幹三男で芹沢継次が本名である。幼名を竜寿」とし、「二人の兄と一人の姉がいた」としている[9]。

以後今日の定説では、「芹澤鴨は常陸国行方郡芹沢村の名家・芹澤氏の末裔の郷士貞幹の三男で、幼名を竜寿、名を光幹と言い、のちに木村継次に改め、芹澤鴨と称した」と言われるようになった。これらは、特に、芹沢雄二氏の著した『芹澤家の歴史』（昭和四十九年・一九七四）の中の、「この天狗党には、貞幹の三男竜寿も加わっている。竜寿は、のち木村継次と名乗り、（以下略）[10]」という文章が大きく後押しをしている。しかし、「木村継次」という名前はもとより、「竜寿」や「光幹」という名は、貞幹の代に貞幹自身が最後にまとめたと思われる『芹澤家譜写』にもない。これには、最後の部分に「芹澤外記貞幹」と書かれ、花押がある。その中で、貞幹の子として書かれているのは、室町氏に嫁いだという長女と、長男興幹（幼名多気之介）と二男成幹（多気二郎）の三名である(11)。貞幹自身が、自分の三男を書き忘れるというのもおかしな話である。

芹澤美幹（成幹の子）がまとめたと思われる『芹澤家譜』（ホ本）にも、貞幹が「三男一女ヲ生」と書かれているが、貞幹の子として書かれているのは、長女（多気）・興幹（幼名多気之助・小忠太とも）・成幹（多気次郎・多志美・のち兵部）の三名だけである。「三男一女」は、「二男一女」の書き間違いではないだろうか。芹沢雄二氏は、本文の中でこの間違いをそのまま引用したと思われる。この『芹澤家譜』（ホ本）によれば、長男興幹が天保十三（一八四二）年九月に亡くなったため、すでに窪谷氏の養子となっていた二男成幹を呼び戻し、家督を嗣がせ、三男二女が生まれたという。成幹の長男が美幹で後を継ぎ、二男が竜寿で早世し、三男が三雄で、四番目が女性で名が礼（禮）、五番目の名が記載されていない(12)。『芹澤家譜』（ホ本）は、最後に美幹自身の名前を記しただけで、経歴を書かずに終えている。これによると竜寿は、貞幹の孫に当たることになる。従って、『常陽藝文』（第二〇七号）の「貞幹には三男一女があり、（以下略）(13)」という説明自体も疑わしい。『芹澤家の歴史』の本文における、幕末に関する部分について言えば、近藤勇書簡の「下村嗣司」でもなく、永倉の言う「下村継次」でもなく、「木村継次」を引用している点で、芹沢雄二氏は、すでに子母澤寛の『新選組始末記』を参考にしていたのではないかと思われる。

松本直子氏は、『新選組事典』の中で、

水戸側に鴨の記録はほとんど皆無であり、天狗党にいたことを裏付ける資料も残っていない。（中略）現在茨城県石岡市富田町に芹沢鴨の次兄という成幹の曽孫芹沢道幹氏がおられる。この芹沢家は元芹沢城主の家系で、名家の郷士であるが、事実鴨がこの家系であったとすれば、本名が木村、下村である筈がない。（中略）芹沢家は古くから紋所は揚羽蝶であり、江戸時代は男子は七曜星も用いたというが、鴨の紋はやはり『始末記』に丸に開いた扇と書かれている。芹沢家の系図では芹沢貞幹三男ということになるが、当時の記録には第三子とあるのみで鴨（継次）の名は記されていないそうである(14)。

と述べている。近年（二〇一一）、歴史評論家の相川司（あいかわつかさ）氏も、『新選組隊士録』の中で、「竜寿は芹沢貞幹の孫にあたり、元治元年に夭逝（ようせい）したことが確認されている(15)。」と述べ、芹澤鴨の芹沢村芹澤家本家（＝芹沢村郷士）出生説に疑問を投げかけ、芹澤家分家（＝水戸藩士）出生説の立場を取っている。筆者も、この説には一理あると思う。

六　「芹澤家分家（水戸）出生説」の登場

長屋芳恵氏によれば、古賀茂作（こがもさく）氏が、『歴史読本』（「特集幕末最強新選組十人の組長」平成九年十二月号）や、『新選組事典』（鈴木亨編・中央公論文庫・平成十一年刊）の中で、芹澤鴨を水戸藩士「芹沢又右衛門弟」としている。また後に、『新選組大人名事典』（新人物往来社・平成十三年刊）において古賀茂作（こがもさく）氏は、芹澤鴨について次のように述べている。「生年は文政九年（一八二六）、天保元年（一八三〇）、天保三年の諸説があるが、前名を下村嗣司（嗣次・継次）、水戸出身、芹沢又右衛門の子」と紹介している。

安政元（一八五四）年に四十歳で死去した水戸藩馬廻組芹澤又衛門（古賀氏説は又右衛門）義幹（よしもと）（七十五石）には五人の子がいた。長子秀蔵孝幹が又衛門を継ぎ、次子子之吉は早世、二子介次郎（すけじろう）（豪幹・助次郎とも・天狗党に加わり、慶応元年二月十六日敦賀で斬首・享年二十或いは言う二十二と・墓は敦賀松原・明治四十年従五位を贈られる）、三子亀三郎、そして女子がいた[16]。

鴨が「又衛門弟」で、「又衛門」が義幹を指す場合、義幹は文化十二（一八一五）年の生まれであるため、文久三（一八六三）年鴨が暗殺された当時、その弟は、十一歳年下なら文政九年出生の三十八歳で、十五歳年下なら天保元年出生の三十四歳となる。

七　「芹澤家本家（芹沢村）出生説」などの問題点

古賀氏の言う「又右衛門」が孝幹を指す場合と、従来のように鴨を芹沢村の貞幹三男とした場合、以下のような問題点が発生する。

まず、又衛門が孝幹を指す場合、以下のようになる。第一に、芹澤介次郎が慶応元（一八六五）年に二十歳（或いは二十二歳）で亡くなった[17]のだから、介次郎の生年は弘化三（一八四六）年（或いは弘化元年）頃でなければならない。従って、又衛門義幹三十二歳（或いは三十歳）の時の子となる。亀三郎はその弟なので、亀三郎の生年は弘化四年（或いは弘化二年）以降でなければならない。長子秀蔵孝幹は介次郎の兄なので、弘化元（一八四四）年（或いは天保十三年）頃以前の生まれでなければならない。すると、亀三郎が鴨なら享年十七（或いは十九）以下、孝幹が鴨なら、享年二十（或いは二十二）以上となる。また、鴨が亀三郎で長子が天保元年の生まれなら、長子は又衛門十五歳頃の時の子となり、不可能ではないが、現代人から見れば少し早熟な気もする。この早熟説が可能なら、介次郎は又衛門十七歳頃の時の子で、享年も三十五になる。秀蔵孝幹や亀三郎を鴨にするためには、彼らが生まれた時の芹澤又衛門義幹の年齢を若くしなければならない。これについては更に検証が必要である。

つぎに、鴨を従来言われている芹沢村の貞幹三男とした場合、以下のようになる。『芹澤家譜』（ホ本）によれば、芹沢村郷士芹澤貞幹の子芹澤成幹は、文化十一（一八一四）年の生まれである。慶応二年に五十三歳で亡くなった(18)。貞幹の三男が鴨なら、鴨が亡くなったと言われる文久三年当時、鴨は四十八・九歳位である。伝えられるところによると、平間重助（一八二四〜？）が当時四十歳であるから、平間重助より年上ということになる。平間重助が年上とする定説が崩れてしまう。貞幹は元治元（一八六四）年八十歳で亡くなったのであるから、天明五（一七八五）年の生まれであり、鴨文政九年出生説に従うと、貞幹四十二歳の時の子で、天保三年出生説に従うと、貞幹四十八歳の時の子となる。それぞれ、兄成幹との年の差は、前者が十二歳、後者が十八歳となる。貞幹の妻も同年代であると仮定した場合、当時の出産年齢からするとかなり難産ではなかったかと思う。兄成幹との間にそれほどの間隔を開け、命の危険を冒してまで子をつくるだろうか。

八　「芹沢又衛門義幹の弟説」を支持する理由

従って、筆者は、鴨を「又衛門義幹の弟（名はまだ分からない）」と推測するに至った。

根拠としては、第一に、相川司氏の『新選組隊士録』（新紀元社・平成二十三年）によれば、芹沢又衛門義幹は初名を光幹といい、従来芹澤鴨の諱（いみな）と言われてきたものと一緒だそうである。変名や仮名や偽名を名乗る時代であったから、同じ諱を又衛門義幹の弟が名乗ったとしてもおかしくない。第二に、近藤勇書簡にある通り、芹澤鴨は「水府脱藩士」であり、郷士ではなく水戸藩士の出である。第三に、島田魁（かい）の『英名録（えいめいろく）』の末尾で、芹澤鴨の横に、「又左衛門子」と小さなメモ書きが残されている(19)。又衛門義幹の父も又衛門を名乗った。第四に、子母澤寛の『新選組始末記』によれば、京都で芹澤鴨が宿所とした八木家の次男が、鴨について、「兄が二人あって、水戸様の家来だということで、よく立派な服装で訪ねて来ました。」と語られている(20)。また、子母沢寛の『新選組遺聞』では、鴨の葬儀に「芹沢の兄で水戸侯の家来だという人も二人来て、これが第二番に焼香しました。」と書かれている(21)。鴨が水戸藩士なら、「水戸様の家来」にも当てはまる。第五に、鴨が義幹の弟なら、当時兄義幹には三人の男子がいたので、鴨を訪ねる人物が実際にいたことになり、『常陽藝文』のように、わざわざ、芹沢村本家（芹沢村）の当主芹沢成幹が誰かと連れだって訪ねてきたのではないかなどと、無理な推測をする必要もないと思われる。しかも、又衛門孝幹、介次郎、亀三郎の三名は、当時京都にいたと言われている(22)。「兄が二人」と言われている人物は、又衛門義幹の弟（鴨）にとっては、「兄の子が二人」だったのではないだろうか。

すなわち、古賀茂作氏が、鴨について「又右衛門の子」と述べている時の「又右衛門」とは、義幹の父のことであり、「又右衛門の弟」と述べている時の「又右衛門」とは、義幹のことを指していると考えられる。筆者は、この古賀茂作氏の見解が、今日の芹澤鴨研究の最先端にいると思える。

つまり、鴨は、「芹澤又衛門義幹の弟（或いは以幹（しげもと）の子）」である可能性がある。筆者なりにこれまでのことをまとめると、「芹澤鴨は、水戸藩士馬廻組芹澤又衛門義幹の弟（或いは又衛門以幹の子）で、水戸出身の可能性がある。しかし、尊王攘夷派玉造勢の、元神官下村継次と同一人物とは言い切れない。」となる。ただしこれは、あくまでも筆者の推論である。

古賀茂作氏や相川司氏は、芹澤鴨の出生地を「常陸国水戸」としている。平成二十五年発行の『新撰組と土方歳三』（徳間書店）でも、出生地を現在の水戸市としている。このように近年は、芹澤鴨の出生地を水戸市とする研究家が見受けられるようになった。しかし、芹澤鴨が天狗派（尊王攘夷派）の元神官下村継次と同一人物という考えは、まだ変えない研究家が多い。尤も、その方が謎めいた部分があって、鴨伝説にとっては面白みも増すかもしれないが…。

まとめ

今日でも、いくつかの疑問点がまだ解決されないままである。一方で、芹澤鴨が行方郡芹沢村出身であるという点については、残念ながら筆者の知る限り、何ら証明できるものがあるわけではない。むしろ、論述にも無理な点が多い。いくつもの推論を積み重ねて出てきた結論であり、これこそ再考が必要である。私たちは、子母澤寛の『新選組始末記』における「芹澤鴨」に関する記述について、その出生から考え直さねばならない。いつか筆者もこの謎を解き明かしたいと思うが、現時点では信頼できる史料が乏しく、確定的なことが言えない。

〔註〕

(1)『新選組一一一の謎』楠木誠一郎、成美文庫、二〇〇三年、二六頁
(2)『常陽藝文』「新選組局長・芹沢鴨」第二〇七号、平成十二年、二頁
(3)『新選組原論』新人物往来社、二〇〇一年、五五、九一六頁
(4)『新選組原論』九六頁
(5)『新選組事典』新人物往来社編、昭和四十八年、八二頁
(6)『新選組原論』五八頁
(7)『水戸幕末風雲録』常陽明治記念会編、暁印書館、昭和五十一年復刻版、二六八頁
(8)『新選組原論』五八頁
(9)『新選組始末記』子母沢寛著、角川文庫、昭和四十四年、二十三頁。『新選組再掘記』釣洋一著、新人物往来社、昭和四十七年、一四六頁
(10)『芹澤家の歴史』芹沢雄二著、昭和四十九年、九五頁
(11)『芹澤家の歴史』一四八頁
(12)『芹澤家の歴史』一五五頁
(13)『常陽藝文』第二〇七号、七頁

（14）『新選組事典』八〇、八一頁
（15）『新選組隊士録』相川司著、新紀元社、二〇一一年、六二頁
（16）『新選組原論』五十六、五十九頁
（17）『水戸藩尊皇志士略伝』水戸学塾編、協文社、昭和十一年、一七〇頁
（18）『芹澤家の歴史』一五五頁
（19）『新選組隊士録』六二頁
（20）『新選組始末記』七〇頁
（21）『新選組始末記』一二〇頁
（22）『新選組隊士録』六八頁・『新選組原論』五〇頁

第二章　新選組芹澤鴨と下村嗣次

はじめに

『水戸藩尊皇志士略伝』や『天保明治水戸見聞実記』によれば、「下村継次（しもむらつぐじ）」は「斬罪（ざんざい）」と書かれている。また長屋氏の、水戸藩庁に捕縛された芹澤鴨が生きていたとする論拠には、不十分な点があることから、「芹澤鴨」と「下村継次」は別人である可能性があると論じた。ところが、その後別の史料を調べた結果、長屋氏が述べた以外の理由で、芹澤鴨が生きていた可能性があることが判明した。名前については、「継次」「嗣司」「義次」といった表記もあるが、以下は、『水戸藩史料』に基づき、「下村嗣次」に統一する。但し文章を直接引用する場合は、原文のままの姓名とする。

一　「下村嗣次」が釈放された可能性

『天保明治水戸見聞実記』によれば、文久元（一八六一）年水戸細谷の獄にいた、松岡領松井村神官「下村嗣次」は、同年九月の赦免案では、「引き回しの上斬罪」のところを「牢屋敷にて斬罪・梟首」となっていた(1)。『水戸藩尊皇志士略伝』によれば、その時同じ獄にいたのが、大津彦五郎、武田信之介、大高彦次郎、富永謙蔵、岡崎市太郎、興野真之介、新家久米太郎、梅原介五郎、服部豊次郎、元僧侶祐介、元中元生田目仙右衛門、神官下村嗣次、玉造村郷士並成島佐十（一とも）郎らである。『水戸藩尊皇志士略伝』では、下村嗣次が「斬罪に処せられた」と書かれている(2)。この『天保明治水戸見聞実記』や『水戸藩尊皇志士略伝』にある「斬罪」が否定されない限り、下村嗣次が釈放されたとは言えなかった。

ところが、同じ「玉造勢」の幹部の一人で、水戸藩庁に自首したはずの野口哲太郎（正安）の名が、『天保明治水戸見聞実記』や『水戸藩尊皇志士略伝』等の殉死者名簿に見当たらない。大津や興野は、「死んだ」或いは「病死した(3)」とあるが、野口は不明であった。鈴木暎一氏の『水戸藩学問・教育史の研究』や、瀬谷義彦氏の『水戸藩郷校の史的研究』によれば、野口哲太郎と興野真之介の二人は、行方郡玉造村から茨城郡河和田村に退去した時、嘆願書を藩庁に提出し、のちの文久元年三月自首し、新築された細谷の獄に投ぜられたという(4)。宮澤正純氏によれば、その後野口は釈放され、文久三（一八六三）年二月、水戸藩主慶篤の上京に従って京都に上り、やがて帰国し、文久三年十月十九日生家で没したという(5)。三十一歳であった。つまり、「玉造勢」の首謀者として投獄された者の中に、釈放された者がいたことになる。従って、下村嗣次も釈放された可能性が出てきた。

二　万延二（文久元）年の「佐原騒動」と「玉造勢」

文久元（一八六一）年一月の「佐原騒動」の時、佐原側では前年の潮来での「玉造勢」の情報を収集して、以下のように伝えていた(6)。

昨年中潮来村ニ而庄屋其外右浪士之無心を難儀ニ存、南郡奉行江願候処、取上不相成、無拠元〆手代菊池庄五郎を頼差図を請お年寄衆江相願候処、右庄五郎江何故右様之取持いたし、我等身分手詰ニいたし候哉与申かけ、親子とも召捕参り、潮来村ニ而鉄鞭を以打擲いたし、玉造村エ入牢いたし置、責殺候程之強勢之もの供ニ御座候よし

（大意）昨年、潮来村での玉造勢の資金集めを、村役人たちが南郡奉行に願い出ても取り上げられなかった。元締の手代を頼み藩の年寄に願い出ると、仲介した元締手代の親子

が玉造村の牢に入れられ、責め殺されてしまった。

これによると、「潮来村ニて鉄鞭を以て打擲いたし、」とあるが、おそらくは鉄扇のことであろう。

歴史群像シリーズ七十二『新選組隊士伝』（青き群狼、その生と死の断章）において、桐野作人氏が述べたように、『井伊家史料幕末風聞探索書』（以下本文内『幕末風聞探索書』と略）によれば、文久元年正月二十日、佐原で「玉造勢」七人が、名主や旅籠屋に、攘夷を名目に千両の金策を強要したそうである[7]（「佐原騒動」）。佐原は旗本（寄合）の津田英次郎の知行地だった。そのため、関東の天領や旗本領の治安維持を担当する関東取締出役が出動した。『幕末風聞探索書』五六九、文久元年一月二十三日の条には、関東取締出役太田源助による、富田・彦根藩城使富権兵衛宛の、「佐原騒動」の報告書が記され、その「書上写」に、以下のように書かれている[8]。

下総佐原村へ罷越逗留致居候水浪党七人のもの共、国患のため金千両身元のものより借受度旨村役人へ申懸候に付、当惑致彼是相談中、一昨廿日昼九時頃右七人一同大総代名主善左衛門宅へ押懸参候処、兼て立退罷在候故他行の由家内より申聞候処、甚憤理不尽に銘々刀を抜又は鉄扇等を以戸障子・敷居・鴨居・家財・雑具等手当り次第切散打毀、同人在宿に候はゞ可討果旨悪口申、家内のもの共一同逃去候に付き十分に乱妨および、夫より道案内助左衛門外壱人宅へ押込、右同様の所行にて、往来のものを無謂打擲或は見掛次第犬を切捨、事に無人境の乱行、往来筋は人家戸を〆家業を休恐怖罷在候に付、無余儀村役人相談の上金八百両差出候積申談、漸納得相鎮候趣の御座候、此上尚右村続津ノ宮村・小見川辺へ押懸候様子に相聞申候。

酉　正月廿三日

（大意）（一月十七日夜、）潮来郷校を拠点にした天狗派浪士七人が、佐原に来て、（そのうちの二名が大物代高橋善左衛門宅を訪れた。二人は）佐原の商人から攘夷決行の資金を借用したいと告げて帰った。二十日　浪士達は、善左衛門(9)（一八二一〜六三・秀一）が留守であることを知ると、理不尽にも刀を抜き、鉄扇等を使って屋敷内の物を手当り次第打ち壊した。悪口を言っては乱暴を働いたため、家族は逃げ出してしまった。また善左衛門の配下の道案内（江戸で言う岡引）岡沢屋助左衛門(10)（一八〇四〜六四・五代目）・藤七の家に押し込み散々に打ち壊した。外に出ては、鉄扇を使って往来する者を打ったり、見掛け次第犬を切ったり、見境無く乱暴した。往来の人家は、恐怖のため戸を閉め切っていた。仕方がないので役人と相談の上、最終的に要求通り八百両を差し出す積もりだというと、漸く納得して鎮まった。その後は津の宮村や小見川近辺へ押し借りに行ったと聞きました。

また、同じ『幕末風聞探索書』五七〇、同月二十四日の条には、寄合津田英次郎による、若年寄御月番遠藤但馬守に宛てた、同人知行下の佐原村における水戸浪人玉造勢の乱妨状況報告書に、以下のように書かれている(11)。

組頭庄右衛門其外旅籠屋久左衛門并権之丞三人にて金子減少等懸合候処、言葉の内気に入不申儀有之候節は鉄扇にて打掛り、既に権之丞は手を被打申候、逗留中往来致候に村方の者に至迄冠り物高足等にて行違、余り側近く行違候者は鉄扇にて打擲致し、往来高声に制し声を懸け致歩行居申候。廿日朝四ッ頃名主善左衛門宅へ七人罷越、同人帰宅に候はゞ首を打取候心得にて罷越候趣申、留守居の者壱人居合、未だ帰宅無之趣申断候処、左候はゞ忰（せがれ）の首を可取、左も無之候はゞ老母を人質に可召捕趣申之、留守居の者を責問候得共、全行衛不相知由断申候処、鉄扇を以散々打擲致し、其上同人宅戸障子・襖共家具迄刀を抜切破り、夫より往来にて瓦職仁右衛門と申者を捕、同人を案内に致し非常御用相勤候助左衛門・同人召仕藤七右両人の宅も前同様致乱妨、夫より金子用立不申候はゞ名宛の者庄次郎外六人宅へも押込可申趣にて、刀を抜高声に申觸歩行候に付、右七人の者恐怖致し、命には難替候間無余儀金八百両用立可申旨及挨拶、廿日の夜に至右金子相渡候処、

（大意）二十日朝、組頭庄右衛門・江戸屋久左衛門・伊能権之丞（いのうごんのじょう）で浪士達に会い、二百両ではどうかと申し出ると、激しく拒絶される。言葉が気に入らないと言っては、鉄扇で伊能権之丞に打ちかかり、手に傷を負わせた。往来では近くを行き交う者に鉄扇で打擲し、恫喝（どうかつ）しながら歩いた。善左衛門の家へは、本人が帰らなければ首を切るぞとばかりにやって来た。留守番の者が居合わせたので、帰らないのなら、子供の首をはね、さもなくば老母を人質に召し捕るぞと留守居の者を問い詰めた。行方が分からないと言うと、鉄扇で散々に打擲し、刀を使って屋敷内の物を手当り次第打ち壊した。通りすがり

の瓦職人の仁右衛門を捕らえて案内させ、助左衛門・藤七の家にも押し込み乱暴を働き、刀を抜いて恫喝しながら歩いたので、皆が七人を恐れた。組頭以下は、人命には替えられないと判断し、商人達と相談し、その日の夜の内に八百両を渡した。

これと同じような内容が『常野集（一）』にも書かれている(12)。但し、『幕末風聞探索書』や『常野集』では、鉄扇を使用したのが下村嗣次だとは特定できない。

三　下村嗣次と鉄扇

この佐原騒動の「玉造勢」七人の中に「下村嗣次」がいて、伊能権之丞ら町役人四人に狼藉を働いたということが、権之丞自身が記した『水戸浪士佐原一件』や、『千葉県の歴史・資料編・近世I』などに書かれている。

『水戸浪士佐原一件』には、文久元年一月二十日朝の騒動について、以下のように書かれている(13)。

廿日朝権之丞・権太郎、立会人久左衛門・庄左衛門、浪士衆七人掛合い一方ならぬ事ニて、下村氏鉄扇振り上げ、兜、梅原ニて差押え候得共、尚又、権之丞も居合せ候ニ付、ついついけがいたし候、双方開口中々筆紙ニ尽くし難しと覚え申し候。

また、『千葉県の歴史・資料編・近世Ⅰ』の、「万延二年正月　天狗党浪士佐原騒動一件留書」（清宮家文書）には、以下のように書かれている(14)（筆者一部書き下し）。

下村嗣次と申すもの、理不尽に庄左衛門エ、（中略）此の上ハ佐原村を焼き払い、我等も此の地の土ニ相成候と、覚悟の旨申し聞かせ、鉄扇ニて打ち懸り候処、差押え候ものゝ之有り、庄左衛門ハ打たれず候得共、権之丞指と膝を打たれ、指より血出膝腫れ上り申し候、

このように、下村嗣次が鉄扇で伊能権之丞らを打擲したという。権之丞は七代景俊で、寛政四（一七九二）年生まれの当時七十歳であったと思われる。権之丞は、このけがが祟ったのか、同年二月晦日に亡くなったという(15)。

下村らは逃亡して行方をくらましていたが、『鈴木大日記』四月七日条によれば、「下村嗣次ナル者潮来松本やの遊女色橋と云う者を連れ出し、芹澤外記宅に潜居致し候を監府召し捕り、二十八日赤沼へ入れ申し候(16)。」という。おそらく後に、赤沼獄から新築された細谷の獄に移されたのであろう。また、『水戸藩史料』下編・巻三によれば、その年の九月までに投獄された水戸藩士四十八名の名を記した鈴木大の日記には、「手綱村元神職　二月廿八日　下村嗣次」とあるが(17)、正しくは三月二十八日である。

また、桐野氏によれば、「獄中生活が一年十か月ほどたった文久二（一八六二）年十二月二十六日、水戸藩主徳川慶篤は戊午の密勅事件以降の入獄者を赦免あるいは復職させる命を下した。下村はこの特赦により釈放されたと思われる(18)。」という。桐野氏の言う、芹澤外記が嗣次の父という点を信じるわけにはいかないが、それでも読者に貴重な情報を与えてくれている。手綱村（久慈郡）と松井村（多賀郡）の違いを除けば、『水戸藩史料』の記述内容は、十分に信用できると思う。

さらに桐野作人氏は、芹澤又衛門の弟説について、「『英名録』の写真版を見ると、「又左衛門子」と読め、しかも後筆だと思われるので、そのような解釈が可能かどうか微妙である(19)。」と述べ、水戸藩領行方郡芹沢村の郷士郷士芹澤貞幹の三男という従来の説も、水戸藩領馬廻組芹澤又衛門義幹の弟という古賀茂作氏の説も、「両説とも不確実[20]」と記している。後筆であっても、島田魁本人の筆なら信用できると思う。専門家の筆跡鑑定をお願いしたいものである。

永倉の『新撰組顛末記』でも、子母澤寛の『新選組始末記』でも、芹澤鴨が鹿島神宮の太鼓が目障りだと鉄扇で叩き破ったという逸話がある。芹澤がこの頃から鉄扇を愛用していたとして、『幕末風聞探索書』に書かれたことがもし事実なら、「下村嗣次」が後の「芹澤鴨」である可能性がある。

ただし、天狗派と諸生派は、お互いに誹謗中傷し合い、場合によってはその家族・親族までも殺し合う関係にあったため、中立的な立場で幕末の世相を論じることは少なかった。ここで取り上げた、下村嗣次の行状について記した史料は、反天狗派の立場に立つ幕府側の井伊家の密偵や、諸生派あるいは尊攘鎮派が権力を掌握した頃の水戸藩庁によって記録されたものを多く含んでいる。このため、必ずしも正確な情報を提供してくれているか疑わしい。従って、ここで引用した「風聞」が、どの程度の信頼性をもつものか明らかにすることも大切である。

四　天狗派と下村嗣次

芹澤鴨が天狗党出身だと述べているのは永倉新八であり、その後に新選組について書かれた書物の多くは、みなこの永倉の説を引用したものと思われる。明治三十六（一九〇三）年に『近藤勇』を著した高知県の郷土史家松村巌（いわお）も、明治三十一年に『新撰組十勇士伝』を著した講談師猫遊軒（みょうゆうけん）（松林（しょうりん））伯知（はくち）も、明治八、九年頃までに書かれたと思われる、永倉新八の『浪士文久報国記事（ろうしぶんきゅうほうこくきじ）』（以下本文内『報国記事』と略）を借り受け、参考にしたと言われる[21]。その松村の『近藤勇』を参考にして記述されたと考えられるのが、明治四十三年十二月から『東京日々新聞』に連載された、鹿島淑男の「剣侠実伝近藤勇」（明治四十四年東京国民書院より『幕末史伝近藤勇』で刊行・昭和五十年新人物往来社より『新選組実戦史』として再刊）である。つまり鹿島も、松村を参考にしながら結果的に永倉の『報国記事』を参考にしている。「小樽新聞」の記者は、鹿島の『幕末史伝近藤勇』を参考文献の一つにして「永倉新八」を書いた[22]。つまり永倉の『報国記事』は、永倉の知らない所で、『新撰組永倉新八』（後の『新撰組顛末記』）に影響を与えていた。また明治二十二年に『新撰組始末記―一名壬生浪士始末記』を著した西村兼文（かねふみ）も、その松村巌と親しく交わったと言われる。

勿論子母澤寛も新八の書から多くを参考にしている。子母澤寛は、昭和三年万里閣書房から刊行された『戊辰物語』の執筆者の一人であった。子母澤寛は、昭和二年に刊行されたばかりの『新撰組永倉新八』をすでに入手して参考にし、『戊辰（ぼしん）物語』の中で新選組について記述しているそうである(23)。

永倉新八の話をまとめたとされる『新撰組顛末記』によれば、芹澤鴨は「真壁郡芹澤村の産」とあるが、真壁郡に芹沢村はない。また、名を「居村の芹沢をとり鴨と改めて天狗派時代の同志新見錦、野口健司、平山五郎、平間重助などとともに江戸へ出立し(24)」とあるが、芹沢村は居村ではないと思われる。「天狗党」という表現も、後の天狗党の乱で挙兵した人々と誤解されるおそれがあるので、この頃はまだ、天狗派あるいは天狗組と呼んでおいた方が誤解が少ないと思う。武田耕雲斎（こううんさい）に隊員を預かったという話も、天狗党の乱と関連させてしまったための誤解であると思う。

「芹澤鴨は、武田耕雲斎に師事し、耕雲斎が天狗党を結成した時に、隊員三百人を預かって一方の旗頭になった(25)」と『新撰組顛末記』にあるが、武田耕雲斎が天狗党を結成したのではない。武田・大場・岡田らの三老は、文久元（一八六一）年六月の東禅寺事件の責任を問われ謹慎処分を受けており、それが解除されたのが文久二年の閏八月から九月である。さらに武田ら三老は、十一月に許され執政となる。そして宮澤正純氏によれば、十二月、野口、生田目らの玉造勢の生き残りが赦免されたという[26]。

文久三（一八六三）年十月、またしても三老は、執政を解任される。武田が天狗党を率いたとすれば、藩主慶篤の代理として、水戸支藩の宍戸（ししど）藩主松平大炊頭頼徳（おおいのかみよりのり）が、同年八月、領内の混乱を鎮めるため、江戸藩邸を出発した時、謹慎中であった武田耕雲斎が一行に加わっているので、それ以後であろう[27]。しかし、その頃はすでに鴨も亡くなっていたはずである。

鴨が下村嗣次で天狗派（水戸尊攘激派）に属したとしても、玉造郷校に屯集していた時でさえ、多い時で総数二百人程と言われる。「玉造勢」の中で、当時の水戸藩執政との交渉相手として、大津彦五郎、武田信之介、大高彦次郎、富永謙蔵、岡崎市太郎、興野真之介、野口哲太郎らの名が上がることはあっても、下村嗣次の名が上がることはない。今のところ、嗣次が旗頭になったということを証明できるものは見当たらない。『天保明治水戸見聞実記』にも『水戸藩尊皇志士略伝』にもある通り、嗣次の肩書きは「松岡領松井村神官[28]」であり、「元水戸藩士」とは書かれていない。神官が水戸藩士の上に立って、三百人の旗頭になるとは考えられない。

五　天狗派活動の背景

尊攘派の公家達は、安政五（一八五八）年八月七日、幕政に批判的な勅諚(ちょくじょう)降下を実現した。この勅諚は、幕府だけでなく水戸藩にも下された（「戊午(ぼご)の密勅(みっちょく)」）。八月下旬、幕府は水戸藩主慶篤に圧力をかけ、執行部を一新させた。さらに安政六（一八五九）年八月、井伊直弼らの幕閣(ばっかく)は、「安政の大獄(たいごく)」という強攻策に出る。幕府による全国尊攘派への大弾圧である。また、斉昭には国元での永久蟄居(ちっきょ)、慶喜(よしのぶ)には謹慎隠居を申し渡した。また幕府は十二月、勅書を幕府に返納するよう水戸藩主慶篤に要求した。また、そむけば違勅で処罰すると水戸藩をゆさぶった。十二月末藩内に、勅諚返納の噂が広まった。この時、保守門閥派の多くは返納論を、尊攘改革派は不返論を主張した。他方中立的な立場で、朝廷への返納を主張する人々もいた[29]。

勅書返納反対を主張する大津彦五郎(おおつひこごろう)（之綱(これつな)・一八三八～六一）らは、もし水戸の要人が勅書を携行して内密に江戸に上ったり、江戸から水戸に勅書を取りに来たりする場合に、それを食い止めようと、三百名程の同志と共に、安政六年十二月二十三日、水戸街道長岡駅（旧茨城町長岡）に屯集した（「長岡屯集」という）。相川司氏は、『新選組隊士録』の中で、これに「下村継次も加わった可能性がある(30)。」と述べている。

　長岡勢は、藩庁の度々の説得も聞こうとはしなかったが、城中にいる尊攘激派・大場一真斎らの説得の結果、二月二十日自主的に解散した。長岡勢の残党は、新宿村（東京都葛飾区）で議論を重ねるうち二派に分裂した。林忠左衛門（以徳）以下三七名は、薩摩藩に頼るべきと主張し、薩摩藩江戸屋敷に入る。大津彦五郎の一派は、退いて時機を待つべきと主張した。その後大津は、新宿村から引き返し南郡に向かい、同志と共に霞ヶ浦北岸の小川・玉造の二郷校で時機を窺った。大津ら一隊は、「玉造勢」と呼ばれ、その数は多い時でおよそ二百人程であったという。「玉造勢」のうち主だった人としては、大津の他、武田信之介（明徳）、富永謙蔵、岡崎市太郎、服部豊次郎、生田目仙右衛門、野口哲太郎（正安）、興野真之介らがいる(31)。

　万延元（一八六〇）年十一月二十四日、慶篤が、岡田徳之介・大場一真斎・武田耕雲斎らを再び執政にした。武田らは、川瀬教文や梅沢孫太郎、梶清次衛門らを派遣し、「玉造勢」の説得に当たらせた(32)。藩庁では、三老なら玉造の無法者を統制することができるだろうと考えた。文久元（一八六一）年正月、富永らは、玉造から退去し同志数人と水戸へ入った。しかし、大津彦五郎を中心とした数十人は、一月中旬から、玉造郷校（別名「文武館」）を本陣に、横浜で攘夷を実行しようと挙兵した。

やがて三老の玉造勢への説諭は成功し、大津らも自首した。その後東禅寺事件が起こると、藩庁は罪を三老に帰した。文久元年五月二十八日、玉造勢の元水戸藩士有賀半弥（ありがはんや）や同黒沢五郎らは、高輪東禅寺（たかなわとうぜんじ）に斬り込み、英国人書記オリファントと領事モリソンを傷つけ、警護の兵二人を殺した(33)（「東禅寺事件」）。このとき、先発隊は上野（群馬県）に潜伏しており、二十三日上野を出発して神奈川に入った。残りの数人が二十四日、常陸国行方郡玉造村から海路安房（あわ）（千葉県）を過ぎ、浦賀（横須賀市）を経由し鈴ヶ森から上陸した。しかし先発隊の所在がつかめず合流できなかったため、先発隊に一名が加わったのみで計画を実行した(34)。実際に東禅寺事件には参加できなかったが、残りの「玉造勢」の中からも数名が合流する予定であった。従って、「水戸の獄に下って居った者は悉く（ことごと）大赦の令に与（よ）って出た。既に新見錦、芹澤鴨など云ふ者は東禅寺の事件に関係して首を斬られる位の場合の所を、今度大赦の令で是も許された(35)。」とあるのも、あながち根拠のない話ではないと思われる。

六　下村嗣次

　菊地明氏の『新選組　謎とき八十八話』によれば、この「玉造勢（又は組）」の初期のメンバー五十数人の中に、下村嗣次がいるという(36)。また菊地明氏によれば、文久元年一月七日、下村嗣次は、府中（石岡市）において四百両の金策を行なったとのことである。さらに、同月十七日、下総国佐原村（香取市）で千両を金策したところ、二百両で済まそうとしたことに立腹し、戸障子・襖・家具などを打ち壊し、暴行を加えると脅し、二十日に八百両を受け取って立ち去った七人の中にも、下村嗣次がいたという(37)。これは、桐野作人氏が指摘した、『水戸浪士佐原一件』の内容と一致する。菊地氏の言う佐原村金策については、『常野集（じょうやしゅう）』に詳しく述べられている。この資金を基に結成されたのが「文武館党」であり、『常野集』によれば、大津彦五郎・大高彦次郎を筆頭に五十四人の名前が記され、序列の十八番目に「下村嗣次」がいる。彼らは結党の祝として二月一日船で潮来へ行き、遊女屋に上がって気勢をあげた(38)。菊地氏は、これに下村嗣次も参加していただろうと見ている(39)。

　天狗派時代の下村嗣次は、文久元年三月、芹澤貞幹の家で匿われていたところを捕縛された。ならば下村嗣次は、芹澤貞幹の家に縁のある者であろうと考えるのは自然である。この時下村嗣次の名で捕縛されたのは、後の芹澤鴨である可能性がある。しかし、養子先の下村家の墓誌によると、下村嗣次が実家からいなくなったのは、文久元年六月だとしている(40)。では、それまで長岡や玉造にいた下村嗣次とは、いったい誰なのだろうか。下村家の墓誌に記された、嗣次が姿をくらました時期は正しいのだろうか。

芹澤鴨が、下村家に養子に入ったのは、長岡屯集以前であろう。下村嗣次の名で、小川や玉造、また佐原や潮来で活動していたなら、既に養子縁組は済んでいたことになる。長岡屯集は安政六（一八五九）年であるから、文政九年出生説の鴨なら三十四歳で、天保三年出生説の鴨なら二十八歳で、年齢的に無理はない。しかし、下村家に養子に入った人間が、実家に帰らず下村姓のまま、尊攘の志士として活動していたとは意外である。普通なら、下村姓のまま活動していては、下村家に迷惑が及ぶだろうと考えると思われる。変名を使用せず、その名を敢えて使用しているところに芹澤らしさがあるのかもしれない。

また下村嗣次は、『水戸浪士佐原一件』によれば、佐原や鹿島にいた頃から、鉄扇を使用したようである(41)。永倉新八の『新撰組顛末記』や子母澤寛の『新選組始末記』によれば、浪士組当時の鉄扇(42)には「尽忠報国の士芹澤鴨」とあるというから、芹澤鴨と名乗って以降、つまり文久二年の大赦後に再び作った物であろう。それ以前の鉄扇は「下村嗣次」と彫ってあったのだろうか。

七　永倉新八が書いた芹澤鴨の逸話の信憑性

新八の書いた芹澤の逸話の中で、信用のおけないものが幾つかある。

第一に、本庄宿での大篝火（かがりび）事件は、永倉の『新撰組顛末記』がもとになっている(43)。同じ永倉の『報国記事』には、書かれていない。浪士組の行程は、八日大宮、九日鴻の巣、十日本庄であり、浪士組が本庄宿に宿泊したのは十日である。本庄市にも、実際に芹澤が暴れたという記録も口碑もない。また、近藤勇が先番宿割（せんばんやどわり）に任じられたのは十四日である。従って、もしそんな事実があったとしても、本庄宿で芹澤に平謝りしたのは、先番宿割の任にあった池田徳太郎と岡田盟である。

第二に、永倉の『報国記事』をもとに書いた松村巌の『土佐史談』の中で、八月十二日夜八時頃に隊の大砲を市中に持ち出して、芹澤らが大和屋の土蔵を焼き打ちしたと言われている件(44)。放火も芹澤が指図したと言われるが、事実か疑われる。この襲撃を芹澤が本当に屋根の上から指揮したかどうか判明しない。商人を相手に、大砲を持ち出すこともおかしいが、狙いがはずれれば周辺にも迷惑が掛かるので仲間が止めないとは思えない。これだけの事件が、当時京都市中に住んでいた者達が書き残した日記などに書かれていないというのも妙である。

第三に、芹澤が潮来で同志三人を殺害したり、鹿島神宮で大太鼓を叩き破ったりしたため、幕府に狙われて投獄されたという件[45]。芹澤は、同志を殺害したために投獄されたのではない。前述したように下村嗣次は、表向きは佐原での千両の金策がもとで町役人に狼藉を働いたためであり、本来は、攘夷の企てが藩庁に露見したためと思われる。捕らえたのも水戸藩である。鴨が江戸に引き立てられたはずはない。竜の口の評定所での取り調べや、牢内での辞世の句を詠んだ話は、いずれも芹澤或いは永倉の創作であろう。松村巌の鴨が天狗派時代に罪を犯して獄に繋がれた話や、松林伯知による嗣次の潮来宿での話や、鹿島神宮での話や牢内での絶食や辞世の句の話は、全て永倉の話や『報国記事』などに基づいている。

第四に、永倉によると、七月十五日の大坂力士との乱闘の原因は、急病人（斎藤一）を抱えていた芹澤が、仲間をかばったことに起因する。最初の内は、『報国記事』では、「無礼があったので切り捨てるべきところを殴りつけただけで許した。」や、「無礼を申したため、捨て置くことができず、これも切り捨てるべきところだったが、その場に打ち倒して北の新地へ出た(46)。」とある。しかし『新撰組顛末記』では、「寄れとはなんだ」と言った力士を、芹澤本人が、すぐさま切り捨てたことになっている(47)。しかも西村兼文の『新撰組始末記』によれば、このときの喧嘩はそれほど大がかりではなく、浪士と相撲取りがそれぞれ数人ずつで口論をはじめ、沖田と永倉が力士一人を斬り殺し、二人に傷を負わせたことになっているという。永倉の『新撰組顛末記』では、即死四、五人、手負い二～三十人とあるが、自慢話が話を大きくしたのではないかと思われる。また永倉以外の史料では、六月三日となっている。

第五に、芹澤が天狗派時代、隊員三百人を預かって、一方の旗頭になったという件(48)。これも、神官になった者が武士の上に立ってそのような役目を与えられているのも変であるし、武田耕雲斎が天狗党を率いたのも鴨が亡くなった後のことである。

このように、永倉新八の『新撰組顛末記』には、多分に話を面白くするための工夫がなされている。永倉がここまで話を大きくして、芹澤という人物像を描いたのは何のためだろうか。「国家的損害であるとは当時心あるものの一致するところであった(49)。」とは、永倉の本心ではなく、それ以降の話に登場しなくなる芹澤に対する、精一杯の餞(はなむけ)ではなかったかと思う。勿論『新撰組顛末記』は永倉本人が直接書いたものではないため仕方がないことではあるが、その後の子母澤寛や歴史家の多くが、この永倉の説を引用しているところに問題があると思われる。

八　貞幹三男幼名「玄太」説

第一章で主張した「芹澤鴨＝芹澤又衛門義幹の弟説」の補足になるが、付け加えたい。あさくら氏によれば、芹澤鴨は、「過去帳によると、幼名を玄太という。」と述べ、また「鴨も名を下村継次と改め、二代目神官を継ぐ。」とも述べている。さらに氏は、前述の様に「過去帳によると、弘化元（一八四四）年、長男常親が生まれるが、」とも述べている(50)。墓誌によれば、常親は九月十八日の生まれである。従って、鴨文政九（一八二六）年出生説によれば、十九歳の時の子であり、天保三（一八三二）年出生説によれば、鴨十三歳の時の子である。文政九年出生説を採用したとしても、少なくとも十八歳頃までには、養子縁組が調っていなければならない。文政九年出生説なら考えられないこともないが、常親の父を鴨とするには、やや無理があるようにも思える。

筆者の地元行方市の年刊誌によれば、玄太は十五歳で延方郷校に学んだという(51)。第一章で述べたように、鴨が水戸出身であるとすると、十五歳でわざわざ潮来まで来て学問を学ぶだろうか。潮来より近くに他に郷校はあったはずである。文政九年出生説によると、鴨十五歳当時、藩内に小川・湊・太田・大久保（多賀郡大久保村）などの郷校があり、天保三年出生説でも、鴨十五歳当時、野口郷校（那珂郡野口村）他九つの郷校が新たにできていたはずである。延方郷校に戸賀崎熊太郎が出稽古に来たという話も聞かない。

九　今日でも解決されない疑問点

まだ解決されていない疑問点がいくつかある。以下では、そのうち四点について考えてみたい。

第一に、鴨が神道無念流の指南免許をいつ手にしたのかという点である。永倉新八の記録によると、芹澤鴨は神道無念流・戸賀崎熊太郎の指南免許とされる。文久二年十二月二十六日、水戸藩主慶篤が特赦の命を下す。そこで釈放された鴨は、翌年二月五日（四日とも）、江戸小石川の伝通院に姿を現す。この間鴨は、三代目戸賀崎熊太郎に剣を学び、たった一ヶ月程度で、神道無念流の指南免許となれるのかという点である。それ以前に弘道館の出稽古で学んだことがあったとしても、その程度で指南免許は与えられるものなのだろうか。

下村嗣次と芹澤鴨が同一人物だとして、文政九年出生説だと、長岡屯集（一八五九）の頃鴨は三十四歳。史料等によると、それ以後の下村嗣次は、色々なところに出没して志士として活動しているようなので、剣の修行に出るゆとりはなかったはずである。長岡屯集前に江戸に出て、指南免許となっていたのだろうか。その頃、下村家に養子になっていたなら、なおさら家族と別れ剣の修行のため江戸に行くことなどなかったと思うし、そんな話も聞かない。養父下村祐斎は神官であったというから、嗣次が剣の修行に行くことなど許さないだろう。相川司氏によれば、推測と断っているが、鴨が学んだのは、水戸の藩校弘道館で剣技教授を務めた三代目熊太郎（喜道軒芳栄（よししげ））で、江戸で修行したとは思えないという(52)。

あさくらゆう氏によれば、鴨と嗣次を同一人物と仮定した上で、過去帳によると嗣次の長男常親が弘化元（一八四四）年に生まれたという。その翌々年にこの最初の妻が死別し、その後、慶応四（一八六八）年にもう一人の妻が心労のために死亡したという(53)。鴨に二人の妻がいたことすら、筆者は知らなかった。もし弘化元年に長男常親が生まれたという話が事実なら、鴨は少なくとも、天保十四（一八四三）年頃までには下村家に養子に入っていたと思われる。その後に、剣の修行のために江戸に出ることには無理がある。すると、文政九年出生説なら、養子に入る前の十八歳までに指南免許にならなければならない。養子縁組が十八歳の時だとすると、それまでに弘道館で指南免許になっていたのであろうか。指南免許となっていた者を神官の家で婿養子に迎えても、剣の使い道がない。その他の出生説では、年齢が若すぎて、指南免許になるとは考えられない。

第二に、鴨が元水戸藩士だとすると、いつ脱藩したのかという点である。いくら後継が居ないからと言って、脱藩した人間を養子に迎えるというのは、相当な覚悟が必要であろうし、下村家にとっては自殺行為に等しい。後々も藩庁の役人から付け狙われるであろうし、身内にも危険が及ぶものであることを覚悟すべきである。中・下級武士が藩の絆を自ら断ち切り、その統制の枠外に飛び出すということは、それ自体藩権力への反抗であり、藩主に背く反逆であり、藩主の威信の侵害である。藩から放置され黙認される行為ではなく、追討され、上意討ちされるかもしれない性質のものである。当時の脱藩とはそういうものであったと思う。とすると、養子縁組以前に脱藩したとは考えられない。養子縁組以後は、神官の後を継いだのだから、勿論藩士ではなくなったので、わざわざ脱藩する必要もない。鴨得意のごり押しで養子となったなら話は別であるが、それこそ無理な推測というものである。神官という職が、武士がごり押ししてまでなりたい職だとは思えない。婿養子となった神官の下村嗣次がなぜ脱藩できるのか、鴨の作り話なのではないか、という話になってしまう。天狗組にいた下村嗣次は、当時神官の下村嗣次の名を真似た変名を使用していたのであり、神官の家に養子にいったのではないという推測も可能である。

第三に、子母澤の『新選組始末記』によれば、鴨の紋が「丸に開いた扇(54)」と書かれている点である。一般的に、本家と分家が同じ家紋であると仮定すると、鴨の紋は揚羽蝶(あげはちょう)や丸に九曜紋でなければならない。「立派な服装で来た」と言われている「二人の兄」と家紋が違っていれば、当然八木家でも気づくだろう。兄二人も同じ丸に開いた扇の紋であったろうと思う。芹澤家の紋と違いすぎるのは、単に『新選組始末記』の間違いと言って済まされるのだろうか。

第四に、天狗派時代に鉄扇を使用していた者がいて、下村嗣次を名乗っていたとしても、佐原村で乱暴・狼藉(ろうぜき)を働いた者と鴨が同一人物と言い切れるかという点である。鉄扇を持っているからといって同一人物と断定するのは、やや決め手に欠けると思う。『幕末風聞探索書』五六九には、「刀を抜き又は鉄扇等を以て(55)」とある。「又は」と刀と対比して鉄扇が挙げられていたところからすると、鉄扇を使用した者は他にもいたのではないかと思われる。

例えば、文久三（一八六三）年八月晦日の昼下がり、水戸藩天狗派正党の潮来文武館館員木村孝之助、同貞之助（一説に真之助）兄弟をはじめとして潮来村沢屋の手代の計十人が、館長林五郎三郎の内命を受けて佐原村の松野屋呉服店に来た。彼らの話によれば、潮来村七軒町の沢屋呉服店の先代の主人忠兵衛は、当時松野屋の女房を好きになり財産の多くを渡してしまった。二代目沢屋忠兵衛から水戸藩に訴えがあったため来たので、借りた金をよく計算して返済してほしいとのことである。しかし、潮来文武館員木村兄弟の条理を極めた請求に対し、松野屋の女将が主人に促し二百両を提示して帰ってもらおうとしたため、木村らは怒り出し、帳簿書類を家捜しし始めた。すると、松野屋呉服店では、惣代名主高橋善左衛門宅に急便で「天狗禍」を訴えた。これを見ていた佐原村民が、天狗禍であると騒ぎ立て、木村兄弟を口々に罵るので、木村らは、松野屋呉服店の商品百両程と現金三百両と帳簿等を押収して帰った。九月六日の午後十時頃、木村兄弟ら計四人が再び佐原村の高橋善左衛門宅にやって来た。「用事があるので潮来文武館まで同道せよ。」と言い、善左衛門を縛り上げ連れ去った。手に手に武器を持った佐原村民は、善左衛門奪還のため木村兄弟達を追いかけて取り囲んだ。以前善左衛門が「天狗禍」について関東八州取締所に訴えた時、「同じような狼藉がある時は、打ち殺してもやむを得ない。」という返事をもらっていた。そこへ関八州取締役が来たため、木村兄弟達は逃げ帰った。翌七日、木村兄弟がまたやって来たが、村民に取り囲まれ殺害された(56)。その時の木村兄弟の遺留品の中に、次の様な物がある(57)。

　　御　請　書　之　事
一、刀　　　　一本
　身の長さ二尺三寸程鞘無し、銘水戸住直江助共、
　裏銘天保二八月　日（略）
一、刀　　　　一本（略）
一、差添　　　一本（略）
一、差添　　　一本（略）
一、鉄扇　　　一本
　紋所金、丸の内に四っ目、片面朱にて丸の内に釘貫の様
（以下略）

どうやら、鉄扇を持っていたのは、下村嗣次だけではないようである。鉄扇は、下村嗣次のというより、天狗派のトレードマークだったのではないか。ただ天狗派の者なら持ってい

ただろうと思われるため、下村嗣次も天狗派にいたと思われる。

　こうした疑問点の一つ一つが解決されない限り、鴨と元神官下村嗣次の二人が同一人物であると言い切ることは差し控えたいと思う。筆者としてはまだ、下村嗣次が「斬首」されず生きていたと思われるため、同一人物の可能性があるという程度に留めておきたい。鴨が行方郡芹沢村出身であるという説も、大正二（一九一三）年に小樽新聞紙上で永倉新八が述べたこと（「水戸の郷士で常陸国真壁郡芹沢村の産」）や『報国記事』の内容を、その後の人々が信じてしまったために、百年という長きに渡ってそう思われ続けてきたのである。誰もが二人を同一人物と信じて疑わないというのは、やはり危険である。歴史的事実に迫るには、厳正な史料批判が必要であると思われる。研究家は今後、「芹澤鴨＝又衛門義幹の弟」説を考慮した上で、史料の発掘に心がけるのがよいと思う。

まとめ

　菊地明氏は、鴨が「通ったと思われる玉造郷校の近くにある、日本武尊縁（やまとたけるのみことゆかり）の鴨の宮（賀茂（かも）神社）の「鴨」を名前として、江戸に向かったものと思われる(58)。」と述べている。また釣洋一氏は、歴史群像シリーズ五十六『幕末剣心伝』の中で、「京を縦断する賀茂川（鴨）に準えて、郷里の地名を配したのではないか(59)」と述べている。遠藤鎮雄氏は『歴史読本』「特集幕末七人の剣士」（昭和五十年）の中で、

釣氏の調査によれば、芹沢家の氏神は、（中略）当初「岡の明神」と称したとのことであるが、これは日の岡の鴨宮と一致しよう(60)。

と述べたが、日の岡に鴨の宮はない。勿論芹沢村にもない。この頃も鴨の宮は、玉造村に属している。現在の鴨の宮は、玉造郷校跡から旧芹沢村に向かう道路途中右の高台にある。菊地氏の言われる鴨の宮は、この現地点にあるものを指していると思う。

しかし鴨の宮は、当時の玉造郷校からは今よりもかなり近い位置にあったと言われている。『常陸国風土記』縁の鴨の宮は、昭和二年鹿島参宮鉄道が敷かれることになり、路線の妨げになるため境内の一部に移され、昭和五十年現在の場所に分祀されたという。新鴨の宮は、玉造郷校跡から直線距離で約一キロメートル、旧鴨の宮は約二五〇メートルの所にある。旧鴨の宮は、芹澤鴨が「玉造勢」の下村嗣次だとすると、朝の散歩に行くには丁度よい場所にあっ

『常陸国風土記』縁の「鴨の宮」跡

た。つまり、当時の「鴨の宮」は、下村嗣次が、「玉造勢」として同志と寝食を共にし、尊皇攘夷について語り合った玉造郷校の、つい目と鼻の先にあった。芹沢鴨自身が何度も見慣れたはずの『常陸国風土記』縁の「鴨の宮」は、芹澤鴨が自身の名前にすることによって一層忘れがたいものになったのかも知れない。下村嗣次が神官であったとすると、神社の名を自身の名にすることは、有り得ないことではない。

新鴨の宮には、立派な説明板や倭武尊の銅像が設置された。旧鴨の宮には、『常陸国風土記遺称地「鴨の宮」跡』と刻んだ石柱が建てられたが、説明板も案内板もない。その旧鴨の宮から五メートル程の所に先祖の墓地を持つ関口和氏が、この旧鴨の宮を守ってくれている。

その一方で、『水戸浪士佐原一件』によれば、佐原村で八百両を押し借りした下村嗣次ら七人の水戸浪士は、借用証作成の後、押し借りの仲介をした山崎庄左衛門や山本又兵衛らの村役人（組頭）に、見舞いと称して酒一樽と鴨一番（つがい）を贈った。伊能権之丞宅へも立ち寄り、二両の礼金を置いていった(61)。もしこれが「鴨」の名の由来なら、何とも人を食った名前であると思う。

従って以上の様な点を総合して考えると、下村嗣次は、いくつかの疑問点を除けば、後の芹澤鴨である可能性がある。しかし、芹澤鴨を「水戸藩馬廻組（うままわりぐみ）芹澤又衛門義幹の弟」とする説は変わらない。ただしこれは、あくまでも筆者の推論であり、新しい史料等が発見された場合は、この限りではない。

〔註〕

(1)『天保明治水戸見聞実記』坂井四郎兵衛編一二八頁、常野文献社、平成七年（復刻）
(2)『水戸藩尊皇志士略伝』水戸学塾編一〇頁、協文社、昭和十一年
(3)『水戸藩尊皇志士略伝』七・八頁
(4)『水戸藩学問・教育史の研究』鈴木暎一著四四三頁、吉川弘文館、昭和六十二年。『水戸藩郷校の史的研究』瀬谷義彦著七五頁、山川出版社、一九七六年

（5）『北茨城史壇』第三号「玉造勢と野口正安」宮澤正純六五頁、昭和五十八年
（6）『千葉県の歴史』資料編近世Ⅰ〈房総全域〉「万延元年正月天狗党浪士佐原騒動一件留書」八八二頁
（7）歴史群像シリーズ七十二『新選組隊士伝』「蒼き群狼、その生と死の断章」一〇四頁、学習研究社、二〇〇四年。桐野氏は、この中で、（8）を引用した時は「正月二十日」と述べ、『水戸浪士佐原一件』を引用した時は「二月二十日」と述べている。筆者は、前者に統一した。
（8）『井伊家史料幕末風聞探索書』復刻版（下）、井伊正弘編、三七六頁、雄山閣、平成十一年
（9）『水戸家騒動天狗派余聞・佐原騒擾の真相』平柳翠著二二五頁、昭和三十七年、
（10）註（9）同書二六九頁
（11）『幕末風聞探索書』（下）三七八頁
（12）『茨城県史料』幕末編三（『常野集』を掲載）二八頁、一九九三年、
（13）『新選組　京都の日々』日野市立新選組のふるさと歴史館叢書第二輯一二一頁。『水戸浪士佐原一件』を掲載

(14)『千葉県の歴史』資料編近世Ⅰ〈房総全域〉八七九頁
(15)『佐原騒擾の真相』三二七頁
(16)『内閣文庫所蔵史籍叢書（十一）』「鈴木大日記」史籍研究会三二九頁、汲古書院、昭和五十六年
(17)『水戸藩史料』下編（巻三）一一一頁、一九七〇年
(18)註（7）同書一〇四頁
(19・20)註（7）同書一〇二頁。
(21)『歴史読本』「永倉新八と『新撰組顛末記』の謎」一六六〜七頁、新人物往来社、二〇〇五年九月号
(22)註（21）同書一六八頁
(23)註（21）同書一六九頁
(24)『新撰組顛末記』永倉新八著六九・七一頁、新人物往来社、昭和四十六年
(25)註（24）同書六九頁
(26)『北茨城史壇』第三号六五頁
(27)『水戸藩学問・教育史の研究』四〇〇頁

(28)『天保明治水戸見聞実記』一一八頁。『水戸藩尊皇志士略伝』一〇頁
(29)『水戸藩学問・教育史の研究』三七二～七頁
(30)『新選組隊士録』相川司著六三頁、新紀元社、二〇一一年
(31)『水戸藩学問・教育史の研究』四四一頁
(32)『北茨城史壇』第三号六二頁
(33)『幕末の魁　維新の殿（徳川斉昭の攘夷）』小野寺龍太著、一三八頁、弦書房、二〇一二年
(34)『安藤対馬守と幕末』増補再版、山本秋広著二三一頁、昭和四十六年
(35)『史談会速記録』一二六輯二四頁、一九七三年、合本四五〇頁
(36)『新選組　謎とき八十八話』菊地明著三三頁、ＰＨＰ研究所、二〇一三年
(37)註（36）同書、三四頁
(38)『茨城県史料』幕末編三（『常野集』を掲載）五一頁
(39)『新選組　謎とき八十八話』三四頁
(40)歴史群像シリーズ七十二『新選組隊士伝』一〇三頁
(41)『新選組　京都の日々』一二一頁

(42)『新撰組顛末記』三〇・六七・六九頁。『新選組始末記』子母澤寛著四二・一二六頁、中公文庫、一九七七年。角川文庫二三・九七頁、一九六九年版
(43)『新撰組顛末記』三一頁
(44)文芸別冊『新選組人物誌』西口徹編十八頁、河出書房新社、二〇〇三年
(45)『新撰組顛末記』六九頁
(46)『新撰組戦場日記』—永倉新八「浪士文久報国記事」を読む—、木村幸比古編著訳五二頁、ＰＨＰ研究所、一九九八年
(47)『新撰組顛末記』五五頁
(48)『新撰組顛末記』六九頁
(49)『新撰組顛末記』七一頁
(50・53)歴史群像シリーズ七十二『新選組隊士伝』一〇七頁
(51)『玉造史叢』（行方市）第四十五集一五頁、玉造郷土文化研究会、平成十六年
(52)『新選組隊士録』六四頁
(54)『新選組始末記』角川文庫版七〇頁
(55)『幕末風聞探索書』（下）三七六頁

(56)『佐原騒擾の真相』一三九～一六五頁
(57)『佐原騒擾の真相』一七九～一八〇頁
(58)『新選組　謎とき八十八話』三六頁
(59)歴史群像シリーズ五十六『幕末剣心伝』「青き志と赤き血潮の肖像」一六五頁、学習研究社、一九九八年
(60)『歴史読本』「特集幕末七人の剣士」七八頁、新人物往来社、昭和五十年四月号
(61)『新選組　京都の日々』一一五頁

第三章　新選組芹澤鴨の最期

はじめに

新選組の芹澤鴨は、いつ、誰に、なぜ殺害されたのだろうか。いくつかの書籍や論文を参考に、できる限り同時代の信頼できる良質な関係史料をもとに、史実に即して、この点を究明したい。

一　芹澤鴨と近藤勇の関係

在京の将軍を残して東帰することはできない。朝幕合体の攘夷を行なわずに東帰すれば、幕府を排除し朝廷と直接結合しようとする、長州・薩摩などの外様大名の思う壺である。将軍と天皇の結合を助け攘夷の魁になりたい。これが近藤勇が京都に残留した理由である(1)。

これに対し芹澤鴨は、水戸藩の天狗組の出身であると考えられ、尊皇攘夷激派(水戸藩の場合、以下「尊攘激派」と略)と呼ばれるグループに属したと言われている。文久元(一八六一)

年五月の東禅寺事件で生き残った、水戸藩尊攘激派「玉造勢」の黒沢五郎と高畑房二郎ら六名は、公武合体政策の象徴ともいえる和宮降嫁政策などに反対し、翌年坂下門外の変を起こす。この老中筆頭安藤信正暗殺計画の黒幕の一人が、長州藩の桂小五郎（後の木戸孝允）である。万延元（一八六〇）年七月、西丸帯刀をはじめとする水戸側の代表が江戸に上り、品川に停泊中の丙辰丸の船内で盟約を結んだ（「成破の盟」）。この盟約とは、水戸側が安藤老中を襲撃し、長州側が後の始末をするというものである。

桂は、江戸の情勢を探る内、幕府の警戒が厳重で容易に目的を達することができないと分かり、伊藤俊輔（後の伊藤博文）を水戸に遣わし、暫く時機を見合わせるべきことを、暗殺計画の謀主、西丸、岩間金平らに伝えた。そこで西丸らは、大橋訥庵などの宇都宮派と手を結び計画を実行した。結局、文久二（一八六二）年一月十五日、坂下門外において登城中の老中を襲撃した六人は全員殺された。

また、後の元治元（一八六四）年正月、藤田東湖の四男藤田小四郎は、桂小五郎と江戸で会い、「水戸藩と同盟して東西で尊攘の旗を揚げたいので、水戸藩側の旗頭にならないか」と言われ承諾した。この密約が成って、小四郎は小五郎から、名刀一振りと五百両の支援を受けた。そして三月二十七日、町奉行の田丸稲之衛門を主将とし、横浜鎖港を訴え筑波山に挙兵した（「天狗党の乱」、あるいは「元治甲子の乱」）。

このように、当時の水戸藩尊攘激派は、何度か長州藩と手を結び攘夷実行を企てた。従って、芹澤鴨らは長州勢に対して、近藤らよりも親近感を抱いていた。

近藤も芹澤も、四月二十一日、将軍家茂が摂津沿岸を巡察するため下坂した時、会津藩に、警護のため家茂に従うことを願い出て許されている。この頃、近藤と芹澤は、親密な関係を結んでおり、表面上両派の対立が取り沙汰される事はなかった。

二　大坂力士乱闘事件と大和屋焼き打ち事件

六月三日の酷暑の夜、芹澤をはじめとする八人が、北新地で、大坂の相撲取りとの間で争いを起こし、大喧嘩の末に力士の方に死人を出した。永倉新八は、『浪士文久報国記事』（以下本文内、一部『報国記事』と略）では七月中旬頃と期日が曖昧で、『新撰組顛末記』では七月十五日と期日を特定している。また後者では、喧嘩の内容が前者より派手に語られている。後に年寄が、芹澤や近藤に詫びを入れ、清酒一樽と金子五十両を差し出したため一件落着となった。

その後壬生浪士組は、力士と良好な関係を樹立し、対立していた大坂と京都の相撲取りの仲介をして仲直りをさせた(2)。八月七日から京都の祇園北林で、大坂と京都の力士合同による七日間の相撲興行が開催され、近藤グループは、警備担当という名目で、この興行に日参した。近藤らは、見物人の整理にあたり、相撲見物も楽しんだ。服装は黒の紋付と白い袴姿で、だんだら羽織を着用しなかった。八月十二日、壬生でも相撲興行が開催された。近藤らは、木戸銭の一部を派閥の活動資金に充てていた(3)。

同じ十二日の夜大和屋への焼き打ち事件が起こった。こちらは羽織を着用していたらしい。祇園での興業が終わると、壬生でやろうと言うことになったのだろう。乱闘事件には近藤グループのメンバーがいたはずなのに、近藤グループだけで警備に参加しているとしたら、芹澤も納得できないだろう。壬生での相撲興行は、芹澤が納得しないまま行なわれたのではないだろうか。

大和屋焼き打ち事件当時の見聞記に、首謀者を芹澤に特定したものはない。会津藩公用方広沢富次郎の手記『鞅掌録(おうしょうろく)』(二)(『会津藩庁記録』三所収)にも、「浮浪ノ徒数拾人(4)」とあるだけで、具体的な首謀者の記載がない。つまり旧会津藩関係者は、維新後も、この事件が新選組によるものではなく、長州系の尊攘派志士によるものだとしていた。一方、信州松代(まつしろ)

松代藩士の高野武貞が記録した『莠草年録』（国立国会図書館所蔵）第六四冊にある、御親兵片岡春熙の日録では、壬生浪士三六名が大和屋に火付けをしたとある。

中村武生氏らは、『莠草年録』の記述は、片岡が噂として聞いたものである事や、松代藩がこの事件とどう関わっているかが分からない事などを理由に、そこに書かれた情報には信憑性がないと述べている。また『莠草年録』には、壬生浪人の関与は書かれているが、芹澤鴨の名が書かれていないため、鴨がこの事件の首謀者であるとは言い切れないと主張している(5)。

これに対し菊地明氏は、片岡春熙は当時在京中であり、『莠草年録』に芹澤鴨の名が書かれていなくとも、壬生浪士組の関与が記されているため、芹澤が焼き打ち事件に関わっているという西村の『新撰組始末記』における記述は、信用できると主張している(6)。また菊地氏は、『莠草年録』以外にも、『京都返達御用状控』や『八条隆祐卿手録』（『維新史料綱要』）などに、浅葱色の袖口に白く山形を染め抜いた羽織を着ていたといった記述があることを指摘している。さらに、『五美堂紀聞』（同『綱要』）所収の久保成という人物の書簡には、本人がこの事件を、現場に行き直接目撃したと書かれている(7)。

菊地氏が引用している史料は、中村武生氏が「風説留」と言われた一般的に「使えない史料(8)」なのだろうか。首謀者が芹澤であるかどうかは証明できないが、菊地氏の言われる文献が信頼できる史料であるなら、芹澤が仲間のやったことに責任を持つ立場にいたことは明らかであるから、関与を断定できなくとも疑われて当然である。

　壬生浪士犯行説を肯定するわけではないが、西村の著書に信憑性がないからとか、永倉新八の著書に書かれていないからというのは、この説を否定する根拠としては弱い。公用方の著した書物に特定の人物名がないことも、芹澤が事件と無関係だという根拠としては不十分である。会津藩公用方の著した書物に、藩にとって都合の悪いことを正直に書き記すであろうか。公用方の著した書物に書かれていれば信じるのだろうか。たとえ伝聞記録であっても、いくつかの同時代史料が、違った表現で壬生浪士の関与を伝えていることの方が興味深い。筆者は、永倉新八の「芹澤鴨は芹沢村の産」自体信じられないのである。寧ろ筆者は、この事件が攘夷の一形態として行なわれたのかどうかにこそ関心がある。

『新選組決定録』において、伊東成郎氏は、「滅私して尽力した相撲興行の成功に泥を塗られた大和屋焼き打ち事件をピークに、芹澤鴨に対する近藤勇の悪感情は、沸騰していたであろう。」と述べている(9)。

三　主な殺害理由説

いくつかの殺害理由説は、必ずしも明確に区別できるものではないが、便宜上九つに分類してみた。

一番目は、芹澤殺害の直接的原因が、大和屋（やまとや）の焼き打ち事件にあるという説である。会津藩はこれをきっかけに、近藤グループに芹澤鴨抹殺の命令を下したという。西村兼文の『新撰組始末記』（明治二十二年刊）には、

会津侯斯カル乱暴ヲ憤リ、近藤勇、三南敬助、土方歳三、沖田総司、原田左之助ノ五人ヲ呼出シ、其所置ヲ命ズ。

と書かれている(10)。また、永倉新八の『報国記事』によると、

芹澤鴨あまり市中乱暴いたし、よって御所表より召し捕申すべきよう御沙汰これある。近

藤勇戻り役人一等へ相談す。実に一同驚き心配致す。

とあり(11)、「召し捕り」である。

菊地明氏や河合敦氏、岳真也（がくしんや）氏や楠木誠一郎氏、前田政記氏や鈴木亨氏や大野敏明氏なども同様に、大和屋焼き打ち事件の重要性を強調している(12)。

ただし、松平容保自身が呼び出したのか、部下が呼び出したのか、呼び出されたのが誰なのかは、研究者によって一致しない。朝廷が善処を求めたのか(13)、会津藩独自の判断なのかも一致しない。芹澤を召し捕るよう言われたのか、殺害を命じられたのかも意見が分かれている。「所（処）置」という言葉は、如何様にも採れる微妙な表現である。例えば、菊地明氏は「所置」を「芹澤の殺害である(14)。」とし、相川司氏は、「近藤勇に彼の召し捕りを命じる。暗殺命令ではない(15)。」と解釈している。

この事件が直接的原因であるなら、同様に焼き打ちに関わった者が、何の処罰も受けないのは変である。それ程大きな事件のわりに、会津藩による関係者への処分が明確でない。芹澤一人が標的にされ、平山五郎は巻き添えになったのだとすると、大和屋事件が起ころうが起こるまいが、芹澤鴨が討たれることは決まっていたと考えられる。近藤は、「狙いはあくまでも芹澤である。芹澤さえ仕留めたら引き上げなさい。」と言ったのだと思う。そのため暗殺者は、芹澤の殺害が成功したあとは、平間重助の遺体を確認しなかったと思われる。そうでなければ、芹澤の殺害が成功したあとは、平間重助が同じ八木邸にいながら、難を逃れることが出来た説明が付かない。しかもこの事件が直接的原因なら、「八月十八日政変」における芹澤鴨の出動を、容保が許すはずがない。従って、この理由だけをもって暗殺理由にすることはできない。

芹澤の度重なる乱暴・狼藉の原因は、梅毒に冒されていたからだとする説を唱える研究者もいる(16)。江戸帰還組の浪士、草野剛三(ごうぞう)こと中村維隆(これたか)の説を引用したものと思われるが、その程度で説明の付くことだろうか。

最近の研究によると、従来言われている芹澤鴨の乱行は事実と異なっているという。商人からの借金も、押し借りには相違ないが、きちんと証文を書いている。力士との乱闘事件は、先に無礼を働いたのは力士の方だという。大和屋の焼き打ち事件は、大和屋が外国との交易で糸を買い占めていると織物職人から聞かされたためにやった可能性があるという。子母澤寛が述べたような、芹澤が大砲を持っていた事実はないという。焼いたのも、買い占めしていた糸が入っていた土蔵で、予め類焼しないよう処置してあったという。しかも、どさくさに紛れて金品を強奪しようとした者を厳しく罰したという。大和屋を打ち壊したのは、むしろ火が消えた後にやってきた、織物職人や糸屋であるという(17)。

二番目は、水戸藩がらみの政治的理由があったとする説である。『新選組原論』の長屋芳恵氏によれば、『歴史と旅』「特集新選組史話五十選」において、川西正隆氏が、

尊皇攘夷の親藩水戸家は、芹沢鴨を中心にした浪士団を結成して尊皇攘夷を実行させようと、水戸藩京都留守居役大場一心（真）斎が画策していた。この画策を知った京都守護職の会津藩は、攘夷浪士の狼藉に手を焼いていた時でもあり、水戸藩の動向に先手を打って近藤勇、芹沢鴨の浪士隊を会津藩で掌握しようとして起用に踏み切ったのである。


と述べているという(18)。この説によると、会津藩では、芹澤の乱行ぶりを知った上で預かり、粛清することも、すでに視野に入れていたということになる。

三番目は、土方らが、芹澤らの増長した態度に不満を持ち、近藤の思想が芹澤の影響を受けることを、極端に嫌ったためであるとする説である。松浦玲氏は、八王子千人同心井上松五郎の日記によれば、四月に、井上源三郎や土方歳三、沖田総司、山南敬介らが近藤に対する不満を述べているという(19)。源三郎らは、芹澤鴨との違いに敏感で、近藤が「天狗」にな

る（慢心する）ことには我慢が成らなかった[20]。

四番目は、会津藩が、水戸藩内の内部抗争による政治状況の変化を、新選組の隊の変革に利用したとする説である。あさくらゆう氏は、

この政変により長州藩は京都から追放され、攘夷運動も停止し、代わりに台頭したのが公武合体だった。／これに乗じたのが天狗党と対立軸にあった諸生党だった。（中略）／（中略）会津藩は、実権が変貌した水戸藩諸生党と親交するには天狗党の芹沢は障壁となったのだ。その口実を芹沢自身が作ってしまった。いや、きっかけを与えられて見事にその計画に嵌（はめ）られたのだ[21]。

と述べている。

五番目は、幕府との無用なトラブルを避けたかった朝廷側と、自らの配下を離れて宮家に接近したことを怒る会津藩の意向が一致したとする説である。あさくらゆう氏によれば、文久三年九月十三日、鴨が隊士十五人を率いて有栖川宮（ありすがわのみや）家を訪れ、配下となる希望を伝えたという。

「有栖川宮家日記」によれば、芹澤鴨と共に宮家を訪れた者の中に、土方、沖田、井上、原田らの試衛館仲間もいる。そのため近藤は、土方や沖田を芹澤暗殺に関与させることにより、京都守護職に以後忠誠を誓うための免罪符にしようとしたという(22)。しかし「会津侯」が「其所置ヲ命」じたのは、西村兼文の『新撰組始末記』に「其所置ヲ命ズ。同十八日大内大変動長藩禁門ノ守衛ヲ免セラレ、」とあり、宮家を訪れた日より前である。以前から、周到に計画されていたのではないか。『報国記事』でも、「芹澤鴨余リ市中乱暴イタシ、依テ」とある。

六番目は、八月十八日の政変以降、会津藩の立場が変わったからと言う説である。この政変を機に会津藩は、過激派寄りの諸藩やその仲間に気を使わなくてよくなった。水戸天狗系の新選組隊員に対しても、政治的配慮の必要性が激減したという。会津藩の立場の変化が、芹澤鴨に対する遠慮の必要性を無くしたといえる(23)。

桐野作人氏によれば、近藤も芹澤も当初攘夷主義で一致していた。松平容保も素朴な攘夷論者で、上洛してきた当初は長州系の尊攘派にも理解を示そうとした。やがて京都が尊攘派に牛耳られると、会津藩は一転してそれを鎮圧する。芹澤らは、依然として攘夷主義に固執していたため、近藤や土方が世論の動向や会津藩の視線に危機感を抱き、攘夷主義との決別を決断したというものである。芹澤の殺害は、新選組が攘夷主義から会津藩の「公安組織」

に変質するために行なわれたという(24)。

七番目は、芹澤と近藤の考え方に溝ができたからとする説である。五月二十五日付で将軍の滞京を求める建白書を提出した時、近藤と芹澤は対立した様子はない。むしろ近藤は、建白書のことを報じた書簡で、以下のように芹澤を紹介している(25)。

水府脱藩士下村嗣司事改芹沢鴨と申仁、拙者両人にて同志隊長相成居、

六月十日、近藤と芹澤らは、将軍の随行者井上松五郎に餞別の酒を送り、十三日に将軍を見送ってから京都に帰った(26)。しかし、六月の書簡では、芹澤のことに全く触れていない。特に触れる必要が無かったのかも知れないが、五月末から六月初頭にかけての短い期間に、近藤の芹澤離れがあったのかもしれない(27)。八月になると、新選組は、近藤派と芹澤派の二派閥に分かれて、ほぼ勢力を拮抗させながら組織を維持させていた。

八番目は、新選組内部の主導権をめぐる派閥抗争の結果であるという説である。新選組の前身壬生浪士組が結成された頃、組には三つの派閥が生まれていた。殿内義雄グループ、芹澤鴨の水戸グループ、近藤勇の試衛館グループである。当初近藤は、芹澤に対して好意を持

ち、芹澤も近藤に一目置いていた。まず、一月足らずで殿内が殺され、他の殿内派も切腹するか江戸に帰った。その後、芹澤・近藤の連立政権となったが、やがて芹澤も近藤に粛清される。近藤グループ自体も、山南が切腹させられたように、さらに引き締めを図った。

九番目は、芹澤と近藤には、もともと思想的対立があったとする説である。芹澤は、佐幕思想の近藤より勤王に近い立場にいたというものである。『史談会速記録』（第三二七輯）には、次の様に記されている(28)。

八木為三郎の直話によると、近藤さんと芹沢さんとは、主義がまるで違います。近藤はどこまでも将軍家のために尽くす。芹沢はこれに反して朝廷のために尽くす。万一事あれば朝廷のために命を捨てるといって、毎朝皇城を拝しておったということである。

四　筆者の殺害理由説

芹澤鴨の殺害理由について、筆者は、以下のように少なくとも四つの理由が考えられると思う。

第一に、大和屋焼き打ち事件の首謀者が芹澤鴨であったと仮定すると、殺害理由の一つに挙げられると思う。首謀者でなくとも、鴨が責任者であることに変わりはない。芹澤殺害は、大和屋焼き打ち事件を大きな契機として、会津藩の内諾のもとに実行された。芹澤の死亡届が京都守護職に出された後も、犯人捜しに尽力することもなく事件を葬り去ったことからも明らかである。

第二に、会津藩には、芹澤鴨の考えに相容れないものがあったと考えられる。例えば、外国との取引で巨額の利益を得ていたことに対する怒りから、鴨が大和屋を焼き打ちしたのだとすると、鴨のしたことは、尊皇攘夷過激派と余り変わらない。開国派の立場にある家茂や慶喜からも、今や過激派は望まれざる客である。八月十八日の政変以降は、朝廷と幕府の融和という傾向がさらに顕著になる。容保が芹澤の粛清を指示しても不思議ではない。

この頃は、孝明天皇でさえ、微温的攘夷に心変わりし、慶喜などのお殿様的で慎重な攘夷を好むようになった(29)。孝明天皇は、幕府と合体して対外強硬体制を構築するのが望ましく、幕府をないがしろにする過激派の動きは容認できなかった。

一橋慶喜は、側近の原市之進（いちのしん）らの説得により、「開国が最善」から、「戦争にならない限りの攘夷」に進路を軌道修正することもあったが、基本的には「開国やむなし」の心を抱き、時と場によって開国論と攘夷論を使い分けた(30)。孝明天皇や慶喜の考え方が、過激派の主張する攘夷から離れだした。

松平容保は、この機運に乗じ、守護職支配下の新選組の創設を考え、派閥解消することを近藤勇に下命したものと思われる。会津藩は、八月十八日の政変以降、過激派寄りの新選組水戸派に気を使わなくてよくなった(31)。

第三に、土方が積極的に芹澤殺害を主導したものと思われる。普段芹澤と飲むことの少ないはずの土方は、この日島原の角屋で盛大な宴会が開かれた時、芹澤や平山に巧みに酒を飲ませ、試衛館グループとしてはただ一人、八木邸まで付き合って更に二人に飲ませ泥酔させた。

子母澤寛の『新選組遺聞（いぶん）』によると、八木為三郎の母「まさ」の証言では、夜中の十二時頃、土方らしい人物が玄関から入り芹澤が寝ていることを確認してから出て行き、二〇分ほどしてから数人の男が来て芹澤や平山らを斬殺した。新選組内部では、芹澤暗殺によって最も利益を得たのは近藤であるが、近藤の補佐役に徹しながらも、近藤の了解のもと積極的に芹澤暗殺を企てたのは土方であろうと思う。土方は、試衛館グループの中でも信頼できる者を誘ったと思われる。従ってそのメンバーの中に、芹澤とよく行動を共にした永倉はいなかった。

この時芹澤暗殺に加わった副長山南敬助は、後に、「その言の入れられざるは、土方の奸媚（かんび）による（自分の言うことが局長に聞き入れられないのは、土方が邪魔をしているからだ）(32)」と書き置きを残し、慶応元（一八六五）年二月二十一日脱走を企てるが、その日の内に大津で沖田に発見され、連れ戻されて切腹させられる。この時、山南と仲の良かった沖田をわざと追っ手に差し向けたのは、土方であろうと思われる。

菊地明氏によれば、この脱走は、大津で転地療養中であった山南が、近藤の帰隊命令に従わなかったため、沖田に連れ戻された可能性があるという(33)。近藤は、山南の処分について、当初切腹を考えていなかったと思う。その山南の行為を「脱走」と解し、厳しい処分を迫ったのは、同じ副長であった土方ではないかと思われる。

森満喜子氏は、昭和五十五年の『歴史と旅』において、山南は何らかの名目で大津に行かされ、書き置きは土方かその腹心の者が山南の筆跡を真似て書き、山南が大津へ出かけた後頃合いを見計らって、「書き置きがあった。脱走だ。」と騒ぎ立て、沖田に命じて大津に行かせたのではないかという説を発表した(34)。筆者もあり得ると思う。

『新選組遺聞』の中で、為三郎は、「自分たちで新選組をこしらえておいて、脱走するとも思えませんし、どうもおかしいことです(35)。」と述べている。土方は、近藤の補佐役に徹しながらも、副長として、新選組のため「他に示しが付かない。」と山南の切腹を強行したと考えられる。新選組をはなれて芹澤殺害の件を口外されては困るので、その口封じと言えなくもない。

山南は、浪士組結成当初から近藤の右腕であり、壬生浪士組結成後は副長を勤めた。山南は、文久三年秋大坂で浪士捕縛のため出動した時、刀が折れて大けがをする。負傷した山南は壬生屯所に運ばれるが、面会謝絶状態となる。従って山南は、池田屋事件にも禁門の変にも出動できなかった。一時期、永倉新八が副長代行をしたこともある。山南は「総長」という肩書きで、第一線から退かされた。総長山南が機能しないため、近藤は、事実上土方一人を頼りにしていた。「脱走」の罪で切腹したというより、むしろ近藤や土方との関係を悲観して、精神的にも肉体的にも追い込まれ、自害したのではないか。山南の名誉を重んじ、切腹扱いにしたのかも知れない(36)。

こうして土方は、山南の死にも深く関わっていたのではないだろうか。以後土方は、局長近藤のもとただ一人の副長となって、組内の指示命令系統の要として活躍する。このように芹澤暗殺は、自らと理想や考えを異にする芹澤や山南を排除しようという、土方ら新選組内部の主導権争いの結果である。芹澤も山南も、犀利な土方の冷徹な実行力の前に、打つ手がなかったと思われる。

　第四に、八月十八日の政変以降、会津藩の政治的立場が重要になるに伴い、近藤も自ら芹澤と袂を分かつ決心をしたものと思われる。近藤も、世論や会津藩の立場を考えた結果芹澤排除を望むようになり、会津藩の下命を得て、芹澤殺害に踏み切ったものと思われる。松平容保と近藤らの思惑が一致したと考えられる。葬儀の日、芹澤と平山二人の死は長州者の仕業らしいと言う噂が流れたが、近藤達は急病で頓死と言っていた。近藤が、芹澤が殺害された事実を隠し、知らぬふうを装ったのが何よりの証拠である。

五　殺害日について

　菊地明氏によれば、芹澤鴨の殺害日を十八日とするのは、新選組が建立した墓碑にそう刻まれているからである(37)。壬生寺の共同墓地にあった芹澤と平山の墓碑には、

　芹沢鴨之墓

壬生寺にある芹澤鴨の墓

文久三癸亥九月十八日卒
平山五郎之墓

と刻まれていたが(38)、昭和四十年頃壬生寺に移され(39)、再建されて今日に至っている。再建された墓碑には「卒」の文字がなかったが(40)、現在の墓碑にはある。

『新選組遺聞』所収の八木為三郎老人壬生ばなしでも、「私も老年で記憶の甚だうすらいだところもあり(41)」と語り、月日を明確にしないことが多い。その八木老人が、芹澤殺害日や野口健司や山南敬助の切腹の日などは特定している。「局長芹澤鴨が殺されたのは文久三年九月十八日の夜でした(42)」と、月日を特定している。その根拠が、墓石の刻銘だったのではないだろうか。

『浪士文久報国記事』(写)の発見により、永倉自身に、「九月六日」と「九月十八日」という二つの説があったことが、明らかになった。結論から先に言えば、菊地明氏が『浪士文久報国記事』（新人物文庫）の改題Ⅱで述べているように(43)、殺害日は、文久三年九月十六日である可能性が高いと思う。

菊地明氏によれば、『報国記事』は「九月六日」としているが、「十六日」の書き間違いであろうという(44)。松村巌は、芹澤の墓碑の刻銘を確認するか、または西村兼文の『新撰組始末記』を読むなどして、『報国記事』（写本）に「十八日の誤ナルベシ」と書き加え、『近藤勇』（明治三十六年・内外出版協会刊）でも「十八日」とした。これを読んだ鹿島淑男や永倉新八自身までも「十八日」としてしまったと思われる(45)。また、菊地氏は、『新撰組始末記』で十八日と記した西村兼文が、それ以前の明治三年に、城兼文の名で発表した『近世野史』には、「今十六日夜」とあり、その後に「亥八月」とあるから、「八月」は誤りで「十六日」は正しいだろうとも述べている。

ここで、これまでの殺害日説の経緯について、振り返ってみたい。

平成五年古賀茂作氏は、『近藤勇のすべて』の中で、天候や西村兼文の『近世野史』や近藤の手紙などを根拠に、それまで十八日が定説となっていた殺害日を十六日とする説を発表した。菊地明氏も、平成七年『土方歳三の生涯』の中で、殺害日は十六日の可能性があることを示唆した(46)。平成十年九月の『別冊歴史読本』第八三号「新選組隊士録」では、結喜しはや氏が「今では十六日と見る向きが強い(47)」と述べている。一方で、平成十一年の『別冊歴史読本』第一八号「新選組戦記」では、釣洋一氏が「十八日」と述べている(48)。その後も、清水隆氏が「十六日」、山村竜也氏は「十八日」というように、研究者により意見が分かれた(49)。さらに、榊原勝昭氏は「十六日」、中村彰彦氏や麻倉一矢氏は「十八日」としている(50)。

古賀茂作氏は、『歴史読本』平成九年十二月号(51)や、『新選組事典』（鈴木亭編、中公文庫、平成十一年）の中でも、八木老人の天候の記憶と『中山忠能日記』の天候に関する記述をもとに、「十六日」であると述べている。これに対し釣洋一氏は、歴史群像シリーズ五六『幕末剣心伝』において、没年月日の確定は「過去帳、墓碑を主体に」と反論した(52)。また釣氏は、『歴史と旅』平成十一年五月号においても、「十八日は雨だった—というのは、子母沢寛の虚構—ということも考えられることを念頭に置くべきである」と述べた(53)。

『維新史料綱要・巻四』の文久三年九月十六日の条に、

九月十六日　新撰組頭取芹澤鴨及平山五郎、京ニ於テ殺サル。
維新階梯雑誌、葎の滴見聞雑剳、新撰組始末記

〔参考〕七年史、風説集

と記載されている(54)。詳しく知りたければ、『維新階梯雑誌』や『新撰組始末記』等を見なさいと言わんばかりに、参考図書を掲げている。このうち、『維新階梯雑誌』は十六日、『葎の滴見聞雑劄』は不明、『新撰組始末記』は十八日、『七年史』は十六日、『風説集』は廿日と書かれているという(55)。

釣洋一氏は、『歴史と旅』平成十一年五月号において、天候については「他の日記と相違する記録があって、一概に信を置くわけにはいかない」と述べている。長屋氏も『新選組原論』の中で、当時下京の塩小路村に住む『若山要助日記』には、

九月十六日　晴　十七日　朝之内雨、後晴　十八日　晴

と記され、『中山忠能日記』には、

九月十六日庚申　陰小雨

十七日辛酉　自去夜雨下已後晴陰不定
十八日壬戌　天晴少々小雨

とあり、どちらも子母澤寛の『新選組遺聞』にある、「この日は朝からびしゃびしゃ雨が降って、お昼頃一時晴れましたが、また夕方から今度は、土砂降りのひどい雨になりました(56)」という天候の記述と合わないと述べ、八木家では芹澤殺害の日雨であったと伝えているが、天候が異なることを指摘している(57)。

しかし、一部の日記に記載された天候が違うからといって、殺害日判断の決め手にならないのだろうか。現に、筆者が調べた『二條家内々御番所日次記』によれば、当時の京都の天候は、「九月十六日　雨、十七日　晴、十八日　晴」となっている(58)。この他にも、菊地明氏によれば、四条大宮に住む高木在中（＝鍵屋長治郎）の日記には、十八日は「晴天。夜同断(59)」、対して十六日は「雨降。夜同断」とある。同様に、『万里小路日記』では、十六日が「陰（曇り）、雨」、対して十八日は「晴れ」である(60)。また、『安達清風日記』では十六日が「雨」、対して十八日が「晴れ」である。従って、京都では、九月十六日が雨であったと思われ、八木為三郎の証言と一致する。

『若山要助日記』の天候が異なるのは、中心部から離れた塩小路村だからである。天候の異なる日記があるからと言って、子母澤寛の『新選組遺聞』に書かれた為三郎談話の、史料としての価値が下がるとは思われない。筆者は、同じ京都でも、場所により「夕方からひどいどしゃぶり」の可能性があったと思う。子母澤寛の『新選組物語』でも、「その夜はひどい土砂降りで、宵に一度止んだが、更けると共にまた降り出した(61)。」と為三郎が語っている。

一方、釣洋一氏は、「どしゃぶりの雨」自体が、子母澤寛の創作による壮絶な場面設定のための虚構であるとし(62)、古賀茂作氏や菊地明氏の十六日説を「納得できない」として、墓碑の刻銘通り「十八日説」を主張している。

また、釣氏は近年、『歴史読本』二〇一二年九月号において、子母澤寛の『新選組遺聞』における、為三郎の弟の勇之助が巻き込まれて深い刀傷を負ったということについては、刀傷に気づいて「痛い」と言うのが遅かったことから虚構の疑いのあること、また雨が降っていたなら土足で踏みにじられていただろうから、辺りが為三郎の言う「血の海」であるのはおかしいといった理由で、当日が晴天であった可能性があり、従って鴨の殺害日は十八日であると述べている。しかし、天候が虚構であるというのは、あくまでも釣氏の推測である。

さらに釣氏は、

事件当日が晴天で雨が降っていなかったとなれば、十六日の事件説など考えることはない。もっとも、墓碑の十八日を葬式日というのも、事件日を十六日にするためのこじつけにすぎず、さらに言えば、九月十八日は葬式のしない「友引」である。墓に刻まれた日付は、卒、没、歿、逝く、などの文字がなくても死亡日に決まっている。

と述べている(63)。これに対し菊地明氏は、次のように反論している(64)。

九月十八日は大安・仏滅などで知られる「六曜」の友引であるため、葬儀が行われたはずがないという見解もあるようだが、六曜が民間に広まりだしたのは幕末期とされ、寺院や新選組がこだわりを持っていたかどうかが不明である。しかも、これは仏教の世界での俗信なのだ。／『浪士文久報国記事』には「死骸は神葬祭、立派にして壬生寺（共同墓地）へ埋める也」とあって、葬儀は仏式ではなく、神式で行われたのだ。そこに「友引」が入り込む余地などはない。

　このように、釣洋一氏は、八木為三郎の天候の記憶を創作であるとすることによって、十六日殺害説を否定しようとしている。現場の状況を語る「血の海」や「深い刀の傷」という為三郎の言葉に多少の誇張はあるかも知れない。しかし、当日の状況を間近に見たのは為三郎の母の「まさ」であり、為三郎は母から聞いた話を語っている。為三郎の言葉尻を捉えて、その天候の記憶まで否定するのは如何なものか。ただ、神葬祭はまだ証明されていない。
『新選組遺聞』の八木為三郎談話の末尾で、子母澤寛は、

　以上は昭和三年十一月十五日京都壬生坊城通仏光寺上ルの邸宅で終日、翁と相語ったものである。その後は引きつづき数十回にわたって文書その他を以て疑問を訊（ただ）した。

と述べており(65)、かなり念入りに調べている。また、森満喜子氏が昭和二十四年、子母澤寛に山南切腹事件の史実について手紙で質問した時、子母澤は、「この切腹の際の永倉、沖田等の親切、及び山南の恋人明星（あけざと）と云う者の駆けつけなどなかなか悲しき物語あり」と書面で回答した(66)。山南と明里の別れのシーンを創作だという人も多いが、もし山南事件に関する記述が子母澤の創作なら、森氏に対してこんな答え方はしないと思う。従って、八木老人自身

や母が見たもの聞いたものについて語っている部分に関しては、子母澤寛は創作していないと思う。

会津藩士北原雅長の『七年史』にも、「十六日、（中略）この夜、新撰組頭取芹澤鴨および平山五郎は、その組の者に殺されけり(67)」とある。

従って筆者は、菊地氏が主張するように、芹澤の殺害された日は、正しくは十六日である可能性が高いと思う。八木為三郎は『新選組遺聞』では、「翌々日、すなわち九月二十日に芹澤、平山の葬儀がありました(68)」と語った。「二十日」は、おそらく為三郎か母の記憶違いで、十六日が殺害日で、翌々日の十八日に葬儀が行なわれたと思われる。

六　殺害者について

永倉新八が明治四～九年頃までに著したと思われる『浪士文久報国記事』では、芹澤と平山を暗殺したのは、御倉伊勢武（みくらいせたけ）・土方・沖田・藤堂の四名となっている(69)。同じ永倉新八の『新撰組顛末記』でも、御倉・土方・沖田・藤堂とある(70)。

御倉は、長州の密偵であることが発覚し、鴨殺害の十日後の九月二十六日に斬首されている。

御倉が長州の密偵であることは、芹澤殺害以前に察知されていたとも言われる。しかも御倉は六月頃の入隊で、秘密裡に行なうべき殺害に古くからの同志以外の者を加えるとは思われないため、御倉の可能性はない。同じ試衛館派の永倉でさえ、この暗殺劇に加われなかったのである。

西村兼文の『新撰組始末記』によれば、芹澤を殺害したのは沖田と土方で、平山を殺害したのは原田と三（山）南だとある。永倉や西村の記述は、現場に居合わせたわけでもなく(71)、伝聞あるいは推論である。

松村巌の「新撰組長芹沢鴨」によれば、御倉伊勢武・土方・沖田・藤堂が暗殺者である(72)。平尾道雄の『新選組史録』では、西村の『新撰組始末記』同様、沖田と土方が芹澤を、原田と山南が平山を殺害したという。しかし、やはり二人とも伝聞あるいは推論である。

八木為三郎が、殺害の現場に居合わせた母「まさ」から聞いた話を、六十五年後に子母澤寛に語った。子母澤寛は、その話を『新選組遺聞』にまとめた。それによると、二人の殺害は、沖田・土方・原田・山南の四人が行なったという(73)。この中では、一番信憑性が高い。

以上の点を総合すると、芹澤と平山の殺害に手を下したのは、土方、沖田、原田、山南の四人である。御倉や藤堂がいた可能性は少ない。そして、直接芹澤を殺害したのは、土方と沖田であると思われる。近藤は背後で指揮を執った可能性が高い。

他方、伊東成郎氏によれば、山南が大坂船場（せんば）で浪士達と斬り合い、重傷を負ったのが八月かもしれないという(74)。山南の刀が折れた岩城升屋（いわきますや）事件の発生が、芹澤鴨殺害事件より前だというのである。これが事実だとすると、重傷を負っていたため山南の可能性はなくなる。従って、山南以外の試衛館グループの誰かが加わった可能性も残されている。

また、古賀氏が『歴史読本』平成九年十二月号の中で述べているように(75)、気がかりな点がある。西村兼文の『新撰組始末記』には、

又平山五郎ハ島原ノ娼婦ヲ誘引シタルガ折節娼婦ノ便所ニ到ラント戸外ニ出ル時、近藤密カニ其婦ヲ他ニ去ラシメ、最初ニ沖田総司ハ芹沢ノ寝所ニ忍ビ入、言葉モカケズ芹沢ヲ斬ル。

と書かれている(76)。つまり、近藤が現場にいて、厠に行こうとした小栄（『新選組遺聞』では桔梗屋吉栄（ききょうやきちえい））を「去らしめた」とある。子母澤の『新選組遺聞』では「危ない、このまま館へ帰れ！」と言われたという(77)。

さらに、近藤が文久三年九月二十日付で佐藤彦五郎に送った手紙に、

刀剣の義、柄折れ候ゆえ、御拵えは万々御心付けなさるべく候。いずれ近々の幸便に、刀剣折れ損じ候分差し送り候間、御一覧御心付けなさるべく候

とあるという(78)。刀は折れ損じることがあるので、十分に注意するようにと訴え、その証拠に折れた刀を送るという内容である。芹澤鴨殺害の四日後のことであり、近藤自身が刺客の一人であった可能性もある。突然の出来事で、為三郎の母「まさ」が、近藤に気付かなかったのかも知れない。

まとめ

筆者のこれまでの主張をまとめると、以下の様になる。

①芹澤鴨は、行方郡芹沢村生まれである可能性が少なく、郷士芹澤貞幹の三男である可能性も少ない(79)。②芹澤鴨は、水戸藩士馬廻組芹澤又衛門義幹の弟（或いは又衛門以幹の子）

である可能性があり、その場合、水戸市出身である(80)。③天狗派の下村嗣次は、幾つかの疑問点を除けば、新選組の芹澤鴨であるかも知れない(81)。④芹澤鴨の殺害には、幾つかの理由が考えられる。⑤芹澤鴨の殺害は、文久三年九月十六日に、近藤の指図の元、土方、沖田、原田、山南の四人で行なわれた可能性があり、直接手を下したのは、土方と沖田であると考えられる。

筆者は、これまでの論述によって、永倉新八の『新撰組顛末記』における「水戸の郷士で芹沢村の産」説や、釣洋一氏の『新選組再掘記』における「芹澤貞幹三男」説などの矛盾点を指摘すると共に、古賀茂作氏の説を多少なりとも補足できたのではないかと思う。

古賀氏が、芹澤鴨は「常陸国行方郡芹沢村の郷士芹澤貞幹の三男」ではなく、「水戸藩士馬廻組芹澤又衛門義幹の弟」である可能性があると論じてから(82)、すでに十八年になる。しかし、『新選組原論』における長屋芳恵氏の論述以降、古賀氏の説は影を潜めてしまった。

長屋氏が主張の根拠とした『水府系纂』は、筆者も調べた。長屋氏が述べたように、『水府系纂』の芹澤又衛門家系図に、鴨に相当する人物の記載はない(83)。しかし、系図に書かれた者だけが子だろうか。『水府系纂』が嫡子或いは養子として武家を嗣いだ者や、武家に嫁いだ者を中心に記載しているとすれば、神官に養子に出された者を載せない可能性もある。それに対し、本家の『芹澤家譜』は、このような制約が無く、自由に記載できたはずである。にもかかわらず、『芹澤家譜』にも鴨に相当する人物の記載がない。『水府系纂』や『芹澤家譜』には、「芹沢村の産」説や「芹澤貞幹三男」説を裏付ける記述もなければ、古賀氏の説を否定できる記述もない。

平成十四年八月発行の別冊歴史読本『新選組組長列伝』における、「芹澤鴨異聞」と題する論文(84)からは、史実を追究しようとする古賀氏の真摯な姿勢が伺える。

〔註〕

(1)『歴史のなかの新選組』宮地正人著七、三三頁、岩波書店、二〇〇四年
(2)『新選組』(「最後の武士」の実像)大石学著八三頁、中央公論新社、二〇一二年第四版
(3)『新選組決定録』伊東成郎著九四～九六頁、河出書房新社、二〇〇三年
(4)『会津藩庁記録』(三)日本史籍協会編五一一頁、東京大学出版会、昭和四十四年覆刻
(5)『歴史のなかの新選組』一七七～一八六頁。『歴史読本』「近藤・土方・沖田の新撰組」、中村武生執筆分「新選組研究の回顧と展望」一八八～一九〇頁、二〇〇四年三月号
(6)『新選組実録』相川司・菊地明共著四三～四六頁、筑摩書房、一九九六年

(7)『新選組の新常識』菊地明著二八～三四頁、集英社、二〇一一年。『歴史読本』「特集新選組京都十五大事件の謎」八四頁（菊地明執筆分）、新人物往来社、二〇一二年九月号
(8)註（5）『歴史読本』同書一九一頁
(9)『新選組決定録』一〇一頁
(10)特別増刊『歴史と旅』四一「新選組」二二六頁、秋田書店、一九九〇年。『新選組史料集』一七頁、新人物往来社編、一九九三年
(11)『浪士文久報国記事』永倉新八著、結喜しはや訳、菊地明解説一〇六頁、中経出版、二〇一三年
(12)『新選組の事情通になる』岳真也著四三頁、PHP研究所、二〇〇三年。『新選組一一一の謎』楠木誠一郎著七五頁、成美堂出版、二〇〇三年。『新選組全隊士徹底ガイド』前田政記著一六頁、河出書房新社、二〇〇四年。『新選組　九九の謎』鈴木亨著八三頁、サンポウジャーナル、一九七九年。『新選組』大野敏明著六一～六二頁、実業之日本社、二〇〇二年
(13)『土方歳三と新選組十人の組長』菊地明他著二六九頁、新人物往来社、二〇一二年
(14)『新選組謎とき八十八話』菊地明著七八頁、PHP研究所、平成二十五年

(15)『新選組隊士録』相川司著六七頁、新紀元社、二〇一一年
(16)『歴史読本』「一九九四年八月特別増刊号スペシャル四七」「幕末疾駆！新選組」六三頁、新人物往来社、一九九四年
(17)『幕末志士の「政治力」』瀧澤中著一七三〜四頁、祥伝社、二〇〇九年。『幕末・維新』井上勝生著一七七〜一八六頁、岩波新書、二〇〇六年
(18)別冊歴史読本『新選組原論』五七頁、新人物往来社、二〇〇一年
(19)『新選組』松浦玲著二一頁、岩波新書、二〇〇三年
(20)註(19)同書二七頁
(21)『新選組を歩く』星亮一＋戊辰戦争研究会編四九〜五〇頁、光人社、二〇一一年
(22)『新選組を探る』あさくらゆう著八二頁、潮書房光人社、二〇一四年
(23)註(19)同書三五〜四二頁
(24)歴史群像シリーズ七二『新選組隊士伝』一〇六頁、学習研究社、二〇〇四年
(25)『定本新撰組史録』平尾道雄著二五〇頁、新人物往来社、二〇〇三年。『新選組史料集』一二四頁、新人物往来社編、一九九三年
(26)註(19)同書三五〜四二頁

(27)註（19）同書三五～三九頁
(28)『史談会速記録』三三七輯、田尻佐談。『新選組証言録』山村竜也編著（『史談会速記録』が語る真実）九五頁、ＰＨＰ研究所、二〇〇四年。註（6）同書五二頁
(29)『幕末の魁　維新の殿』（徳川斉昭の攘夷）小野寺龍太著一六七頁、弦書房、二〇一二年
(30)註（29）同書一六四頁
(31)註（15）同書六七頁。別冊歴史読本『新選組大全史』新選組クロニクル通史篇、五五頁（菊地明執筆部分）、一二〇頁（結喜しはや執筆部分）、新人物往来社、二〇〇三年。歴史群像シリーズ五八『土方歳三』九〇頁（山村竜也執筆部分）、学習研究社、一九九九年
土方が八木邸まで付き合って、芹澤達と飲み直した点については、永倉の『浪士文久報国記事』や『新撰組顛末記』に書かれている。しかし、局長殺害の内容を、当事者が新選組内部の者に語るとは思われない。後述するように、殺害日や殺害者に関する永倉の記述は疑わしい点が見受けられるため、永倉が述べているのは推論であると思う。
(32)註（17）同書一八五頁。註（31）同書『土方歳三』一五八頁
(33)『新選組謎とき八十八話』一四一～四頁
(34)『歴史と旅』「山南敬助脱走事件の謎」森満喜子執筆分一〇〇～一〇一頁、昭和五十五年

十一月号
(35)『新選組遺聞』子母澤寛著一八九頁、中公文庫、一九九七年改版
(36)註（15）同書八一頁
(37・40)『新選組謎とき八十八話』七九頁
(38)『浪士文久報国記事』一三一頁
(39)『新選組日誌』（上）一二四頁、菊地明・伊東成郎・山村竜也編、新人物往来社、一九九五年
(41)『新選組遺聞』二一七頁
(42)『新選組遺聞』一二三頁
(43)『浪士文久報国記事』四九一頁
(44)『新選組の真実』菊地明著一三〇頁、ＰＨＰ研究所、二〇〇四年。『浪士文久報国記事』一二九頁
(45)『浪士文久報国記事』四九二〜四九三頁
(46・49)『新選組原論』五六頁
(47)別冊歴史読本『新選組隊士録』「幕末維新を戦い抜いた四七四人の人物列伝」五九頁、新

人物往来社、一九九八年
(48)別冊歴史読本『新選組戦記』三二頁、新人物往来社、一九九九年
(50)『ビッグマンスペシャル歴史クローズアップ・新選組』四五、四七、一一八頁、世界文化社、一九九七年
(51)『歴史読本』「特集幕末最強新選組十人の組長」一五六頁、新人物往来社、平成九年十二月号
(52)歴史群像シリーズ五六『幕末剣心伝』一六八頁、学習研究社、一九九八年
(53)『新選組原論』五六頁。
(54)『維新史料綱要』（巻四）五九〇頁、一九六六年、一九八三年覆刻版、東京大学出版会
(55・57)『新選組原論』五八頁
(56)『新選組原論』一二三頁
(58)『二條家内々御番所日次記』一一三頁、慶應義塾大学三田メディアセンター、平成十三年九月
(59)『幕末維新京都町人日記』内田九州男・島野三千穂編二〇四頁、清文堂、一九八九年
(60)『新選組謎とき八十八話』八二頁

(61)『新選組物語』子母澤寛著一一一～一一三頁、中央公論社、一九九七年
(62)歴史群像シリーズ五六『幕末剣心伝』一六八頁、学習研究社、一九九六年
(63)『歴史読本』「特集新選組京都十五大事件の謎」二二九頁、二〇一二年九月号
(64)『新選組謎とき八十八話』八三頁
(65)『新選組遺聞』一〇頁
(66)註（34）同書一〇三頁
(67)『七年史』（一）「癸亥記三」一一二頁、続日本史籍協会編、東京大学出版会、明治三十七年発行、昭和五十三年覆刻
(68)『新選組遺聞』一三一頁
(69)『浪士文久報国記事』四六頁
(70)『新撰組顛末記』永倉新八著六八頁、新人物往来社、昭和四十六年
(71・76)特別増刊『歴史と旅』四一「新選組」二二六頁、秋田書店、一九九〇年。註（25）同書『新選組史料集』一七頁
(72)土佐史談、七一号四〇・七。文藝別冊総特集『新選組人物誌』二一一頁、河出書房新社、二〇〇三年

(73)『新選組遺聞』一三三頁
(74)『歴史読本』「芹澤鴨暗殺事件」伊東成郎執筆分九二頁、二〇一二年九月号
(75・78)註（5）同書一五六頁
(77)『新選組遺聞』一三八頁
(79・80)『常総の歴史』第四六号、拙稿「新選組芹澤鴨の出生について」崙書房、二〇一三年
(81)『常総の歴史』第四七号、拙稿「新選組芹澤鴨と下村嗣次について」崙書房、二〇一三年
(82)註（51）同書一五二〜一五三頁。鈴木亨編『新選組事典』二七四〜二七五頁、中公文庫、一九九九年
(83)『水府系纂』第二九巻六八〜七六頁、茨城県立歴史館複写蔵
(84)別冊歴史読本『新選組組長列伝』「芹澤鴨異聞」古賀茂作執筆部分二〇〇頁、新人物往来社、二〇〇二年

第四章　新選組芹澤鴨と新見錦と水戸藩浪士

はじめに

通説によれば、新選組（壬生浪士組）局長芹澤鴨は、常陸国行方郡芹沢村出身で、水戸藩上席郷士芹澤貞幹の三男であると言われている。また、もう一人の局長新見錦は、田中伊織であると言われている。しかし、いずれもその可能性はない。筆者は、『常総の歴史』第四六〜四八号において、芹澤鴨が芹沢村出身である可能性が少ないこと、また、芹澤鴨と元神官下村嗣次が同一人物であるためには、幾つかの疑問点が解決されねばならないことなどについて論じた[1]。今回は、芹澤鴨や新見錦、水戸藩浪士に関わる重要な内容について論じながら、冒頭の二人についても証明したい。なお文章を直接引用する場合は、原文のままの姓名を記し、本文内では、カッコ書きで別名・変名等を記すものとする。また下村嗣次は、『水戸藩史料』に基づき「嗣次」を、芹澤又衛門は、『水府系纂』に基づき「右」のない「又衛門」を使用する。さらに、混乱を避けるため、人名には正式な「芹澤」を、地名には、現在使われている「芹沢」を用いるものとする。

一　幕末の水戸藩と芹澤家

　幕末の常陸国芹沢村芹澤家本家の中に、文久三（一八六三）年当時京都にいたと思われる人物はいない。『常陽藝文』第二〇七号では、子母澤寛（しもざわかん）の『新選組遺聞』における、「「兄二人」「水戸様の家来」については、芹沢成幹（なりもと）が誰かと連れ立って、あるいは一族の芹沢又衛門の子息たちが訪ねて来たのを鴨が自慢した、と考えることもできる」と述べている(2)。しかし、成幹が文久三年京都にいたと証明できるものは見当たらない。芹澤成幹が京都にいたと述べているのは、『芹澤家譜』（ホ本）のみで、しかも元治元（一八六四）年七月における禁門の変の頃の話である(3)。この逸話が万が一史実であったとしても、成幹が文久三年に京都にいた証明には成らない。従って、八木家の次男が、芹澤鴨には二人の兄がいて、立派な服装で訪ねて来たと述べているが(4)、文久三年当時芹澤家本家の中に、鴨に面会に行ける人物がいたとは言えない。

　これに対し、水戸藩士である芹澤家分家には、文久三年当時京都にいた人物が三名いる。彼らが、兄だ弟だと偽ってまで本家の人間に会いに行くとは思われないし、兄だとまで言って会いに行くからには、かなり近い関係のはずである。しかし、芹澤家本家と分家の関係は、少なくとも、通説において鴨の父だと言われている本家貞幹の、十代前まで遡らねばならない。つまり、幕末の芹澤家本家の者が、九代前の分家の子孫を兄弟だとは言わないと思う。

『水戸藩尊皇志士略伝』には、慶応元（一八六五）年芹澤介次郎（豪幹）が二十あるいは二十二歳で亡くなったと書かれていたが[5]、『殉難死節之者履歴（九）』によって、二十二歳で亡くなったことが判明した[6]。これを元にすると、文久三（一八六三）年当時、芹澤家分家の芹澤又衛門孝幹（秀蔵）は二十二歳位、介次郎は二十歳、亀三郎は十六歳だと考えられる。又衛門孝幹は、安政六（一八五九）年十二月二十三日、長岡に屯集した水戸藩有志の中に、名前が記されていないが、当時はまだ十八歳位と若かったため、三百人程いたと言われる屯集者の中にいたとしても、名前が記されるまでには至らなかったのかも知れな

芹澤又衛門家の墓（酒門共有墓地）
諸生党に荒らされたらしい

い。名前が記されていなくとも、それ以後の行動からして、孝幹が長岡屯集に参加していたことが予想される。長岡屯集で記録に残っている主だった人物は、山口辰之介、大関和七郎、広岡子之次郎、森五六郎（以上後の桜田門外の志士）、吉成恒次郎、林忠左衛門、大津彦五郎、鯉沼伊織、菊池右仲らである(7)。

安政六年水戸城に蟄居していた斉昭(なりあき)は、藩主慶篤(よしあつ)が幕府に言われ勅諚を手放すのではないかと心配し、家老大場弥右衛門（景淑・後の一真斎）に指示し、十月五日勅諚を水戸城内の祖廟に納めさせた。長岡勢が解散した後も藩庁では、勅諚返納についての議論が続いていた。万延元（一八六〇）年二月二十五日、藩庁では、表家老松平将監、番頭市川三左衛門（主計）、小姓頭朝比奈弥太郎、大場弥右衛門に勅諚を江戸に運ばせることにした。勅諚を返納することが決まると、宇佐美惣衛門や中嶋金平は、「とても生きては居られぬ」と城外へ走り出した。芹澤又衛門孝幹ら四人は、役人を討ち果たそうとして、逆に城内へ切り込む勢いであったという。その後大きな処罰がなかったようなので、誰かが止めに入り事なきを得たものと思われる。血気盛んな若者であった。中でも斎藤留次郎は、斉昭宛の諫書を残し、二十四日抗議のため城中の廊下で切腹し、流れ出た血に指を浸し、白壁に「尽忠報国」の四文字を書いたという。このため藩庁は、勅諚返納をしばらく猶予することにした。この時の状況が、『水戸藩史料』に次の様に記されている(8)。

廿五日彌為登候由ニ相成候處

迚(と)テも生ては不居身なりとて走り出し其外も右様の者多閉居之者杯もかけ出し又

宇佐美惣衛門
中嶋　金平
村嶋　萬次郎
佐藤　藤五郎
芹澤　又衛門
林　長左衛門
斎藤　留次郎

右ハ城中へ切込役人を打ち果さんとの事

大廣間於廊下割腹ス

右ハ廿四日也

林忠左衛門をはじめとする長岡勢の残党の一部は、万延元（一八六〇）年八月二十七日、江戸の薩摩藩邸に駆け込んだ。この時の三十八人の名前が、『水戸藩末史料』などに記されており、その中に芹澤又衛門の名が見受けられる。『水戸藩末史料』によれば、その時の人物名は以下の通りである(9)。

吉成恒次郎、服部悌次郎、鳥居幾之介、林忠左衛門、横山辰之介、小野鍋吉、根本新平、芹澤又衛門、萱谷八次郎、榊幾次郎、桑屋庄蔵、富田謙司、山田熊之介、小河吉三郎、竹内百太郎、宮本主馬之介、大越伊豫、横山亮之介、鯉沼伊織、菊池右仲、鯉渕右京、掛札勇之介、中野道之介、黒澤巳之介、井坂三郎、中村大三郎、大森丑之介、下野清介、栗田源左衛門、粕谷新五郎、岩谷敬一、鈴木酉之介、和知惣次郎、大越忠之進、市毛久五郎、小沼四十郎、太宰清衛門、竹林虎太郎

万延元申八月薩州屋敷より指出候書附

『水戸藩史料』によれば、当初彼らは変名を用いていた。林は吉野三平、吉成（よしなり）は鈴木鐵之助、

服部は鈴木貞助、鳥居は松本竹吉、芹澤は河村宇衛門、菅谷は平山半六といった変名を用いた(10)。また、他の文献と照らし合わせると、小河吉二郎は吉三郎、富田は宮田、岩谷敬一は敬一郎であると思う。『南梁年録（四八）』では四十人の名前が記されており、他の文献にない「竹内百太郎家来恭介」や「野口新五郎事谷野伴平」、「鯛淵猶衛門」が記されている。代わりに、『水戸藩末史料』には竹林虎太郎、『水戸藩史料』には生駒省太という人物がいる。しかも『水戸藩史料』では、竹林虎太郎が太宰清衛門の変名となっている。二人が同一人物とすれば、『水戸藩末史料』では、誰か一名が抜け落ちている可能性がある。

林忠左衛門らは、江戸薩摩藩邸に「攘夷決行の先鋒を勤めたい」と訴え出た。薩摩藩は、幕府にこれを上申し、幕府から命じられて、しばらく彼らを保護したが、文久元（一八六一）年七月五日水戸藩に引き渡した。水戸藩は彼らを駒込邸内へ幽囚したが、幽囚中に九人が亡くなった(11)。当時水戸藩は尊皇攘夷激派（天狗派）と敵対関係にあった鎮派の太田誠左衛門や鳥居瀬兵衛が、藩内の重職を占めていたと思われる。彼らが薩摩藩邸に駆け込んだのは、桜田門外の変が、水戸藩浪士と薩摩藩浪士の協力の下で行われていたためと思われる。文久二（一八六二）年十一月二十五日幕府は、水戸藩主徳川慶篤に、林忠左衛門らの放免を命じた。林忠左衛門らは、文久二年の十二月まで幽閉させられたが、十七日釈放される。

残る長岡勢残党の一部は、万延元（一八六〇）年、大津彦五郎や大高彦次郎らを中心に玉造郷校に集まった。多い時で二百名が集まったと言われるが、この中には、他に、武田新之介（信之介）、興野真之介、梅原介五郎、服部豊次郎、野口哲太郎、富永謙蔵、新家粂太郎、生田目扇衛門（仙右衛門）、下村嗣次（嗣治とも・松井村神官か）、島田藤吉、成嶋（島）佐一郎（左市郎、佐十郎とも）、斉藤貞介（以上玉造村）、中野仲、桜井宗之介（惣之介とも・以上羽生村）らがいる(12)。

　そのうち、万延二（文久元・一八六一）年一月、佐原村の商人から八百両を押し借りした玉造勢は、『水戸浪士佐原一件』の借用証文の写によれば、川又左一（市とも）郎、兜左右（惣とも）助、梅原斤（介とも）五郎、田辺禎助、下村嗣次、服部基（豊とも）次郎、新家久米（正しくは粂）太郎の七人である(13)。

玉造郷校跡入口（坂を登ると郷校跡がある）

大津彦五郎らは、この八百両を元に文武館党を結成し、正月二十八日、順番を決めて署名し血判を押した。この時の五十四人の名前の一部が以下の通りである(14)。

元徒目付　大津彦五郎　同先手組　大高彦次郎　同　岡崎平太郎
同郡奉行　冨永謙蔵　同与力　田邊貞助　同先手組　同　専蔵
同　菊地庄之助　同与力　武田新之助　同先手組　生田目扇右衛門
同　新家粂太郎　祝町恵明院役人　服部豊次郎　若海村山伏三光院　渡邊幸蔵
同人倅　同　金吾　郷士　木村庄右衛門　玉造原新田百姓　成嶋左市郎
玉造村名主　和田良助　水戸在名主　川又佐市郎　同　下村嗣次
小川村添　井坂嘉兵衛　大貫村百姓　兜　惣助　田木ノ村百姓　遠藤全十
羽生村神主　仲野　仲　同村百姓　桜井惣之助　（中略）
玉造村高例百姓　齋藤貞助　所不知糀屋　石山名不知　玉造村高例百姓　嶋田同断
（中略）　並木村百姓　磯山音次郎　（中略）　潮来村糀屋　宮内名不知
出所不知　蔵上同断　同　小川同断　（中略）　野口権太郎　興野眞助
大井大助　椎名惣兵衛　梅原斧五郎　兵三郎　秀三

常順を定めたという割には、中心人物と思われる者が「出所不知」として後の方に記入されているように、面子を重んじる程の真剣な順番ではないようである。後ろの方に書かれた野口権太郎は哲太郎で、興野眞助は真之助で、梅原斧五郎は介（助とも）五郎であろう。いずれも玉造勢の中心人物であった。遊び心を加えたのであろうか。そうなると、署名の取りを飾った秀三も、それなりの知名度のある人物ではないかとさえ思えてくる。

文武館党の結成には加わらなかったが、玉造勢に加わったメンバーの中には、今泉与一太郎（川中子(かわなご)村富農なら今の小美玉(おみたま)市だが…）、亀山孝介、谷田佳三郎、小松崎忠衛門、永田信之介、安屋信吉、西山勇之介、国分信介らがいた[15]。

二　芹澤又衛門孝幹らの活動

文久三（一八六三）年二月十六日、山口徳之進（後の正定・二十九歳で第二代茨城県知事）、住谷寅之介、山国兵部、田丸稲之衛門、下野隼次郎、金子勇次郎、藤田小四郎、田中愿蔵、関口泰次郎、竹内百太郎（安食(あんじき)村）、岩谷敬一郎（宍倉村）、野口哲太郎（磯原村）らは、将軍

家茂の随行上洛の命を受けた水戸藩主慶篤（斉昭長男）の初めての上洛に随従して、江戸を出発し京都本圀寺に向かった。これに先んじて二月七日、大場一真斎、原市之進、中山与三左衛門らが江戸を出発した。三月五日（四日とも）、慶篤一行は、弟昭訓（余四麿・斉昭の十四男）を伴ない千人以上で京に到着する。この時、芹澤家分家の芹澤又衛門孝幹ら三兄弟はいない。この中には、藩士に混じって、福田千太郎（下玉里村・後の中川忠純）や成島佐左衛門（玉造郷校世話役）や桜井惣之介（宗之介・羽生村）らの郷士や神官もいた(16)。後に彼らは、本陣の名を取って本圀寺党（或いは組）と呼ばれるようになる。この昭訓のお供の中に、寄合組と呼ばれる一団があり、後に四月頃、芹澤又衛門孝幹や根本新平、菅谷八次郎らは、この寄合組に組み入れられ(17)本圀寺組の一員となった。

「玉造勢」への説得工作が行われた大場家

　同年三月四日、将軍家茂が老中板倉周防守などと伴に京都に着いた。一月には将軍に先立って、将軍後見職一橋慶喜（よしのぶ）、老中格小笠原長行（ながみち）、二月に政事総裁職松平慶永（よしなが）（春嶽）や尾張藩主が京都入りしている。一橋慶喜（斉昭七男）は上京に際して、水戸藩の武田耕雲斎、武田魁介、梅澤孫太郎、梶清次衛門、大胡聿蔵（たいこいつぞう）らを借り受けて随えていた。東本願寺は一橋家が、本圀寺は水戸家が、相国寺は備前藩が、建仁寺は加賀藩が、東福寺は尾張徳川家が本陣とした。狭い京都が武士や郷士・神官などであふれた。やがて慶篤は、昭訓を藩主名代として本圀寺に残し江戸に戻る。武田耕雲斎や鈴木縫殿、皆川八十吉、西野新治、原市之進、斉藤市衛門、梶清次衛門、三輪友衛門らは京都に残った。武田耕雲斎らは、四月二十二日、徳川慶喜に従って京を出た。昭訓は、同年十一月二十三日に亡くなったため、昭徳（余八麿・斉昭の十八男）が送り込まれ、その職務を引き継いだ(18)。水戸藩は昭訓の喪を当面秘し、元治元（一八六四）年六月十二日、東山の長楽寺に埋葬した。

　慶篤の後を追うようにして三月、桂小五郎（後の木戸孝允）の若党伊藤俊輔（後の博文）らに付き添われて秘かに上京した一団があった。その有志隊の中に、芹澤又衛門孝幹や同介次郎（豪幹）、同亀三郎らがいる。その他の主だった人物としては、吉成恒次郎、林忠左衛門、鳥井幾之介、大森丑之介、根本新平、小河吉二（正しくは三）郎、岩谷敬一郎らの薩摩藩邸駆け込み組の他に、金子芳四郎、黒沢忠之進、中野仲、加固（かこ）次郎八（田伏（たぶせ）村）らがいる(19)。

やがて彼らは、京都本圀寺組に合流する。この頃京都にいた、芹澤又衛門孝幹、介次郎、亀三郎のうち二名が、後に壬生屯所の芹澤鴨を訪ねたと思われる。『史籍雑纂・第四』の『世子奉勅東下記』には、以下のように記されている(20)。

○伊藤俊輔水藩人二十九人を伴ひ上着し、豊後屋へ駐す、
水戸侯今日着あれとも、◎水戸侯着云々は誤
右人員か願請するは、いまた許允あらすと聞く、
吉成恒次郎　林忠左衛門　鳥居幾之助　芹澤又右衛門　服部悌三郎
根本新平　芹澤助次郎　同亀三郎　榊幾次郎　金子芳四郎　黒澤忠之進
菅谷八次郎　小河吉三郎　以上士
宮本主馬之介　此人横浜にて夷人を斬戮す
鯉渕右京　栗田源左衛門　海老澤孫次郎　和智惣次郎　大越忠之進　小林幸八
下野清助
鯉渕直右衛門　大森丑之介　岩谷敬一郎　中野　仲　加固次郎八　同　庄介　経助
理介

三　下村嗣次の入牢

浪士組は文久三（一八六三）年二月八日、将軍家茂を警護するため江戸を出発し、二十三日壬生村に着く。その中に芹澤鴨がいた。芹澤鴨は、通説では下村嗣次と同一人物だと言われ、一説には長岡屯集にも参加していたとも言われている。嗣次は、佐原での金策による町役人への狼藉や攘夷の企てが露見したため、文久元年三月（一説には二月）、水戸藩の役人に捕縛され入牢させられていた。

清河八郎は、文久二（一八六二）年四月二十五日、孝明天皇に「回天封事（ほうじ）」という建白書を提出した。また清河は、同年十一月大赦発布に関する上書文（「急務三策」）を書いて、水戸の同志・住谷寅之介に送り、江戸の山岡鉄舟・間崎哲馬を通じて、政事総裁職松平春嶽に提出することを依頼した。尊王攘夷派の同様の運動が実って、その後八月上旬、朝廷から幽閉者の赦免を求める御達書が出され、幕府の方針も赦免に傾いたため、水戸藩でも大赦が行われた。従って文久二年十二月、下村嗣次は林忠左衛門らと同様に釈放されていたと思われる。

下村嗣次の捕縛された日については、水戸藩士鈴木大の日記に二月二十八日とある(21)。しかし、同日記の四月七日条に、二十八日に捕らえたと記されているため(22)、古賀茂作氏が述べたように、前後の記録から判断して三月二十八日とするのが妥当である(23)。

また、『水戸藩史料』では、文久元年二月二十一日に玉造勢の残党の捕縛を命じた文書が、以下のように記されている(24)。

御目付中江
　川又左一郎　梅原介五郎　兜左右介　田邊貞介　下村嗣次　新家久米太郎
　　園部俊雄　圓覺院
右之者共早々召捕候様宜被取計事

一方、三月十日に未だ召し捕られずにいる者として、以下のように記されている。

吉沼村百姓　左一郎・左右介　浪人　渡邊貞介　同　新家久米太郎
元先手同心　柴田市之介　羽生村神官大和悴　中野　仲

若海村修験三光院悴　渡邊金吾　　松井村神官　下村嗣次
右之者共捕方指出置候處于今捕押候儀不申越候

従って、下村嗣次は、文久元（一八六一）年三月二十八日に捕縛され入牢したと思われる(25)。

四　本圀寺組などの活動

本圀寺組の中には、本隊を離脱あるいは脱走する者が表れてくる。また、役目を終えても国元へ帰らず、それぞれ別行動をする者もいた。本圀寺組と合流した芹澤又衛門孝幹は、やがて文久三（一八六三）年八月十日、菅谷八次郎と共に、不明門通松原下ルの近江屋たかと同居の、医師・前田玄線（泉とも）の食客となる。九月六日頃には、三条大橋中島町の旅籠・萬屋甚兵衛方に宿泊した(26)。その後又衛門孝幹は、紀伊藩の里見二郎や、水戸藩の菅谷八次郎（明聡）(27)、高埜（野）内蔵太（正路）、黒澤仙二郎（仙次郎・仙之丞とも、盛茂）(28)らと伴に、文久三年十一月、尾張藩の老公（徳川慶勝・容保の兄）に謁見し、攘夷に関する建白書を提出している(29)。主な内容は、八月十八日の政変以降、これまでの長州藩の労苦が報われていない。会津藩が薩摩藩と同調しないよう、説得して欲しいというものである。又衛門孝幹らは、同年十二月二十七日に帰京し本圀寺に戻る。芹澤又衛門孝幹（秀蔵）は、慶応元（一八六五）年十一月の在京者名を記した「慶応元年十一月在京者人名」に、山口徳之進や川瀬順之助、吉成勇太郎（又右衛門信貞の長男・恒次郎の兄）、同恒次郎、菅谷八次郎、住谷寅之介らと共に名前が記されており(30)、その当時までは京都にいたことが明らかである。その後の史料から又衛門孝幹の名が見当たらなくなるが、甲州黒駒村の神官武藤外記（昌通）らと交流がある。明治以降は教職に就き、今で言う校長を勤めた。高埜と黒澤は、『京都養正社所祭神名録』に記されている。

芹澤介次郎や亀三郎も、本圀寺組としての役目を終えると本隊と離れたようである。介次郎は、元治元（一八六四）年二月二十七日小川郷校に立ち寄った後(31)、三月二十七日、幕府に横浜鎖港を求めるため筑波山で挙兵した天狗党の乱に加わる。十一月一日大子を出発して、十二月十八日敦賀（福井県）で加賀藩兵に投降した。その後敦賀の十四番鰊蔵に幽囚の身となり(32)、慶応元（一八六五）年二月十六日に斬首される。亀三郎は、この乱には参加しなかったようである。『水戸市史』中巻（五）では、奥右筆照沼平三郎の書翰を引用し、芹澤秀蔵が田丸稲之衛門らと共に、元治元年三月二十七日夜半に筑波山に向かって出立したとある(33)。

おそらくこの「秀蔵」とは、孝幹ではなく、介次郎のことではないかと思われる。

古賀茂作氏も、『別冊歴史読本・新選組組長列伝』の「芹沢鴨異聞」において、『水戸幕末風雲録』によれば、この照沼平三郎（成信）の書翰に「又右衛門弟芹澤秀蔵」が筑波へ向かったという記述があることから(34)、『水府系纂』をもとに長屋芳恵氏が書いた「長子秀蔵孝幹が又右衛門を嗣ぎ(35)」という一文は、「義幹の弟の秀蔵が家を継いだ意味の系譜と受け取れなくもない(36)」と述べている。しかし筆者は、ここでは『水府系纂』を信じたい。この書翰の一文は、正しくは「又衛門弟芹澤介次郎」であり、照沼自身の誤記であると思う。

照沼が、芹澤一族の一人一人と深い交流があり、その名を間違えるはずがないというなら納得がいくが、芹澤兄弟等が記された文書に、照沼が一緒に記された形跡はない。照沼に芹澤兄弟三人の区別が付いたのだろうか。照沼は、自身の目で確かめたのでなく、密偵や役人の報告をそのまま記したのではないか。「又右衛門弟芹澤秀蔵」などいないはずである。この「又右衛門」が義幹あるいは孝幹何れを指すにしても、『水府系纂』によれば、その弟に「秀蔵」はいない。『水戸幕末風雲録』や『水戸藩史料』や『水戸市史』が引用する照沼書翰の記述内容の内、「又右衛門弟芹澤秀蔵」に関する部分は、明らかな間違いである。

照沼書翰における「又右衛門弟芹澤秀蔵」の「又右衛門」は、「義幹」ではなく「秀蔵（孝幹）」のことであり、「秀蔵」が「介次郎（豪幹）」のことであると解すれば辻褄も合う。しかも、天狗党の乱に参加したのは介次郎であり、秀蔵孝幹ではない。前述の通り、秀蔵孝幹は、慶応元（一八六五）年十一月に京都におり、天狗党の乱には参加していない。照沼書翰の実物は探したが見当たらなかった。おそらくは、水戸の空襲で灰燼に帰したと思われる。幸いにも、東京大学史料編纂所に書写したものが残っていた(37)。この書翰を引用した幾つかの書物は、記述内容を検証せずに孫写ししたものと思われる。残念だが古賀氏も、照沼書翰あるいは『水戸幕末風雲録』が引用した照沼書翰の記述を信じたため、秀蔵が義幹の弟で、家を継いだのかも知れないと考えたのではないかと思う。

　薩摩藩邸駆け込み組の内、鯉沼伊織（伊勢畠村、後の香川敬三）や吉成恒次郎、岡見紋次郎、萱谷八次郎、掛札勇之介（岩崎村）、大越忠之進（春園村）、中野仲らは、元治元（一八六四）年一月、住谷寅之介や田島謙之允らに伴われ、余八麿（昭武）の上洛に随従した。この中には、福田千太郎（玉里村、現小美玉市、後の中川忠純）、大場伊三郎（玉造村）、服部健之介（田伏村）、大﨑清太郎（義忠、清水村、現潮来市）、大﨑徳三郎（同上）、羽生留三郎（富田村）らもいた(38)。本圀寺勢の一部は、その後、朝廷から禁裏（御所）の守衛を命じられた一橋慶喜の、遊撃隊や床机隊に入る(39)。慶喜はすでに、本圀寺詰めの水戸藩士百人程を借りて

「水戸藩兵留名之碑」と「尊攘の碑」（長楽寺）

いたが、さらに水戸藩家老の武田耕雲斎に命じて、二百人程を雇い入れた。梅沢孫太郎や原市之進は、この時正式に慶喜の配下に入った。京都にいる水戸藩士の半分は、一橋家の家来になった。

菅谷八次郎や鳥居幾之介（助）らは、筑波勢の旗揚げを知ると同情し、備前岡山藩主池田茂政（斉昭九男）や因州鳥取藩主池田慶徳（よしのり）（斉昭五男）に、嘆願書を提出している[40]。しかし後に本圀寺組は、慶喜の天狗党追討軍の一員に加えられる。鯉沼伊織（後の香川敬三）は、薩摩、土佐の勤王の志士と気脈を通じ、やがて本圀寺組を脱走し岩倉卿に協力しながら、後に中岡慎太郎の陸援隊に加わった。陸援隊では、小林彦次郎や小林敬三を名乗る[41]。香川敬三は、慶応四（一八六八）年新政府軍の東山道軍を率い流山へ向かう時、その分隊が大久保大和を名乗る近藤勇を発見し、後にこれを捕らえたという。香川は、のちに宮内省に入り、大正四年に亡くなった。福田千太郎も本圀寺組から離れ、陸援隊に参加した。福田は、陸援隊では、中川秀五郎や中川秀之助を名乗る(42)。中川(福田)は、明治十一年鹿島郡長、同二十年東京府四谷区長となる。大﨑徳三郎は、地元清水(旧香澄村)に戻り、明治二十二年から二十五年まで初代村長を務めた。大﨑清太郎は、碑文によれば、病となり一時草津で療養したが、京都に戻って、慶応三(一八六七)年九月に亡くなった。羽生留三郎は、富田村で大正七(一九一八)年に亡くなった。

文久三(一八六三)年十一月に、十六歳で病のために没した徳川昭訓をはじめ、大場一真斎や原市之進、安政五(一八五八)年江戸の水戸藩邸に密勅を運んだ鵜飼父子らの墓が、京都の長楽寺にある。また長楽寺には、鵜飼父子の功績を刻した「尊攘」の碑がある。さらにその横には、本圀寺党として文久三年から明治元年までに、京都で殉死した水戸藩兵八十七(八十六とも)名の名を刻んだ、「水戸藩兵留名之碑」がある。ここには、三輪友衛門、住谷寅之介、関口泰次郎、服部悌三郎、榊幾次郎、中野仲、大越伊豫、黒沢仙次郎、大﨑清太郎らの名が刻まれている。この碑に刻まれた者のうち、住谷寅之介、林忠五郎、江幡定彦、大越伊豫(門井村)、吉田采女(吉影村)、若泉主税(芹沢村)、中野仲(羽生村)らの墓は霊山の墓地にあり、三輪友衛門の墓は長楽寺にある。

五　新見錦と前木鈷次郎と梅原介五郎

そもそも研究者の多くが、「新家」を「しんけ」や「にいけ」などと読んだために誤解が生じた。水戸に代々住んでおられる方の子孫なら分かるはずである。水戸藩士の「新家」家は、「にいのみ」と読むため[43]、新見錦は、浪士組に入るに当たり、「新家」を「新見」と書くことにした。太田亮氏の『新編姓氏家系辞書』でも、「新家」を「にいや」「にいのみ」「しんけ」などと読ませているが[44]、「にいけ」などとは読ませていない。つまり、新見錦の姓「新見」は漢字を変えただけである。むしろ「新見」は、「新家」の字よりは「にいのみ」と読まれやすい。それでも「にいのみ」と正しく読まれず、「しんみ」や「にいみ」などと読まれるため、四月に書かれた平野屋五兵衛宛の借用証口上書きにあるように[45]、特に気にもせず、「親見」と書くこともあった。この頃の攘夷派は、幾つもの変名を名乗っていた。「親見」は変名の一つを書いたに過ぎない。従って、「新見」の読みを「しんみ」とする主張は当たらない。「新見」が元々変名なら、「親見」と書くこともあっただろうし、「しんみ」と呼ばれることも、それ程気にならなかっただろう。

玉造勢の新家粂太郎と新選組（壬生浪士組）の新見錦が同一人物なら、佐原騒動以来借用証などの署名は、書き慣れていたはずである。文武館党の署名でそうだったように、返す宛ての少ない借用証の口上書きに遊び心を加えても、何ら不思議はない。変名が、同一人物でないと思わせるためにあるのだとすると、今日でも、十分にその役目を果たしていると言える。『尽忠報国勇士姓名録』によれば、新見錦は天保七年の出生であり、『事情形勢史略』（四）によれば、新家粂太郎は天保八年の出生であり、年齢的にも近い。姓の読みも、どちらも同じ「にいのみ」である。芹澤鴨が「芹澤」という姓を残したように、新家粂太郎も「新見」という字で本姓の読みを残し、下の名を変えたのだろう。従って、浪士組の新見錦と、玉造郷校にいた新家粂太郎は、同一人物である可能性が非常に高い。以下の論述では、二人を同一人物として扱うものとする。

文久三（一八六三）年六月、朝廷は正親町公董（おおぎまちきんただ）（中山忠能（ただやす）の次男、正親町実徳（さねあつ）の養子）を攘夷実行を求めるための勅使として、長州へ下向させた(46)。五月十日、長州藩は関門海峡でアメリカ商船を砲撃した。朝廷は、この長州藩の攘夷を賞し、九州諸藩を巡歴して長州藩応援を促し、士気を鼓舞しようとした。勅使は長州藩主毛利敬親（たかちか）（慶親（よしちか））と子元徳（もとのり）（定広（さだひろ）・広封（ひろあつ））に勅旨を伝え、やがて周防三田尻（すおうみたじり）（山口県防府（ほうふ）市）の毛利別邸に入った。この時随従した親兵の中に、正親町卿家士徳田隼人をはじめ、水戸藩からは、新見錦（＝新家粂太郎）、前木鈷次郎（七郎）、小河吉三郎（又は大川藤蔵・東蔵・勝蔵）、関口泰次郎（知信）、梅原介五郎（江戸詰先手同心組か、あるいは元行方郡某村の農民か・助五郎とも）、川又左一（市とも）郎（吉沼村農民か[47]）、小島新七郎[48]（小嶋とも、或いは新七、行方郡矢幡村農民か）、今泉与一太郎（与一とも）ら十人がいた。新見錦や川又左一郎や梅原介五郎は、万延二（一八六一）年、佐原村で商人から八百両を押し借りした仲間である。七月十八日、関口泰次郎以下五名の水戸浪士が、中山忠能家にいた中山忠光に面会し、公董卿に従って九州へ下向することを告げている[49]。忠光は、六月八日長州より帰京し、木屋町の旅宿に潜んでいたが、真木和泉が、忠光の兄忠愛の依頼で、桂小五郎や久坂玄瑞と謀り脱走しないよう諭し、忠能家に帰らせた。関口はこの時十六歳、中山忠能の手記『正心誠意』に、水戸藩士の先頭に名前を挙げられている。印象が強かったのかも知れない。次に公董一行は、長州藩と対立していた小倉藩にも攘夷実行を受け入れさせた。小倉藩は、十四日、攘夷実行の諾否を厳しく糺され、勅命奉戴を決定した。更に公董は、七月佐賀藩へと向かったが、八月十八日の政変で長州勢力が京都から一掃され中止となった。この時前木と関口は、七卿の西下に随従した[50]。親兵の一部も、京都に戻った。『東久世伯爵公用雑誌』によれば、九月十五日、梅原介五郎、多田彌太郎（海庵・但馬国出石藩浪士）、高橋甲太郎（重健・出石藩浪士）は、肥前（今の佐賀県）から帰り、東久世通禧卿を訪ねた[51]。翌月二日、梅原、今泉、小嶋らは、東久世卿に京都に出発する事を告げた。十月九日、正親町公董が豊前黒崎を出帆し帰郷の途に就こうというとき[52]、多田と梅原が正使、高橋が副使として、再び佐賀に派遣されたという説もある[53]。公董は翌十日、黒崎を出帆し、十五日帰京した[54]。残りの親兵も京都に戻ったが、川又、前木、小河、関口らは、但馬国（兵庫県）生野へ向かい、元福岡藩士平野国臣とともに生野の変に参加した。一説には、新見は九月に長州で亡くなったという[55]。

文久三（一八六三）年十月十二日、平野国臣らは七卿落ちの一人澤宣嘉を総帥にし、代官所を占拠し本陣とした。川又左一郎と小河吉三郎らは、軍監を担当した。その後幕府が追討令を出した。関口や前木は、当時十六・十七歳と若かったため、澤卿らの脱出計画を知らされていなかった。澤卿の本陣脱出に後れを取った関口・前木らは、宍粟郡山崎から赤穂郡を経て、三田尻へ逃れた。三田尻では、一時奇兵隊に囚われの身となるが、冤罪がはれて招賢閣に入り、中岡慎太郎の世話になる。関口は、前木と共にのち京都本圀寺に逃れるが、前木の看護の甲斐もなく、慶応元（一八六五）年十月四日十八歳で病死した。前木は、明治元年八月から、松原亨蔵や西丸帯刀らのいた軽鋭隊の副長として維新政府軍に従った。生野の変の

小河吉三郎墓（常磐共有墓地）

関係者の中で、諸藩士として生き残ったのは、前木一人であった(56)。川又左一郎は、丹波へ逃走中、朝来(あさご)郡納座(のうざ)村で土民の襲撃に遭い、十月十四日捕縛されて出石藩の獄に繋がれたが、文久三年十一月二十三日獄中で自殺した(57)。小河吉三郎は、十月十四日納座村（あるいは山口村とも）で自刃した(58)。二十六歳（二十七歳とも）であった。

地元行方市の『麻生の文化』第五号によれば、楳（梅）原助（介）五郎や小嶋(おじま)（島とも）新七（郎）が、天狗党の乱に加わり亡くなったとあるが(59)、『南梁年録(60)』や『幕末維新全殉難者名鑑(61)』の天狗党殉難者名簿には、二人の名が見当たらない。従って二人は、天狗党の乱には加わっていない。新見錦を除く、梅原介五郎、小島（嶋）新七郎や今泉与一太郎は、正親町公董の親兵を終えると、十月三田尻を出帆し、東上した。その後の足取りがはっきりしない。梅原、小嶋、今泉らと京都で面会した川瀬順之助（教文）の文久三（一八六三）年の記録『長州情勢等書上(62)』によれば、三人は当時、六卿の意向を受け京都の情勢を探索していた。また三人は、『安達清風日記』によれば、十一月十二日に、因幡国鳥取藩主池田慶徳の側近安達清風（清一郎・忠貫）に面会している(63)。

元治元（一八六四）年二月十二日の大久保一蔵（後の利通）宛大坂の木場伝内の書簡に、梅原、今泉、小嶋ら三名の名が記されている(64)。三人に関わる部分は、以下の通りである（異体字の一部は現代語表記に変更）。

〔前半略〕

右は区々之説御座候得共、御見合之端ニも可罷成御届申上候、何分御油断不相成時節と奉存候　以上

大坂　木場　伝内

二月十二日

大久保一蔵殿

（張紙）

水戸家中
正月八日　佐々木鑑之丞　当年廿五六歳
〔中略〕
冬年ヨリ　斉田　新助　当年三十歳程
同　梅原　登之助　同　廿八九歳
同　今泉与一太郎　同　廿六七歳
同　小嶋　新七郎　同　廿八歳程
此間京都ヨリ　山中森之助　同三十歳程
〆五人
外ニ
西横堀花岡　両三人程
坂町玉与　一人

同年、高杉晋作は、二月二日舟で大坂に着き、京都に向かった。その後高杉は、京都・大坂・伏見を往来して、宍戸九郎兵衛や中岡慎太郎らと会った。桂小五郎・久坂玄瑞・中岡慎太郎らに説得され、萩に帰るため京を発った。晋作は滞京一ヶ月余り、三月二十五日萩に帰った。高杉晋作らが、長州を脱藩した浪士たちを引き連れ、大坂で武器、弾薬や食料を調達していた頃、梅原、小嶋、今泉の三人は高杉と何らかの関わりを持っていた可能性がある。同年五月二十七日には、梅原ら十数人が安達清風に会っている。

上田村の平（たいら）忠右衛門宛の、元治元年正月十日の土方歳三書状によれば、正月八日に新選組は、安治川河川に陣取り、海路上坂した将軍家茂の警護にあたったことが記されている(65)。家茂は十四日大坂を出立し、十五日上洛する。また、大石学氏の『新選組』によれば、元治元（一八六四）年五月七日、将軍家茂が京を離れ、伏見、大坂を経て二十日に江戸に戻ったという(66)。新選組もこの警護のため、大坂まで出向いている。大坂は新選組にとっては、活動範囲内であったと言える。しかも、開設された時期が定かでないが、大坂の万福寺には、新選組の屯所があったと言われている。

元治元（一八六四）年三月になると、前年八月十八日の政変で京都を追われた長州系の志士らが、京都に潜入し始める。新選組が京都周辺も含めて探索の手を強めていた時期でもある。水戸藩士酒泉直（彦太郎）の滞京日記には、三月某日、水戸藩士らと共に江戸から入京し、尊攘活動を行おうとしていた長州藩の医師の子が、新選組に捕縛されたという(67)。この頃、尊攘派の浪士が京都や大坂に出向くことは、危険この上なかった。あるいは、京都見廻組や将軍家茂の出た紀州藩の兵に捕らわれる可能性もある。

『中山忠能日記（巻三）』の慶応元（一八六五）年五月十三日の条に、「由」とあるので伝聞ではあろうが、今泉与一太郎と小嶋新七郎が四月に大坂で捕縛され、正義を訴え自害したという記述がある(68)。以下の通りである。

西下召連候水藩今泉小嶋両士先月十五日淀迄付來召捕候由囚ニ成候中少ニテモ正義唱候ヘハ直絶候由

また、『奥田家文書（巻七）』の、八四三「元治元年正月　無心申掛一件」には、次の様な、梅原介（助）五郎が大坂で押し借りをしたと思われる記述がある(69)。以下の通りである。

海老沢周助与申立候
当時無宿　（朱書）
周　助「死」

付箋
当九月五日入牢

「

亥弐拾六歳

右周助儀、主人之供ニ而上京中、外国交易いたし候者可加天誅旨等之取沙汰追□及承、知人梅原助五郎外壱人、右等之ものを致内聞候様子相察居候迚、主用先をも不顧無縁之三郎右衛門方江罷越、右交易之否相尋候処、心当之品申答、且張紙を以請書可差出哉与談受、右ニ者不及、其筋江可申伝遣旨諭聞、菓子料等貰請、助五郎等江可差出心得ニ候共、右之もの共不居合候迚遣捨候上者、右申□も難取用、猶又右之手続を以、三郎右衛門江路用金借用之儀申掛候段、未得借内被捕候儀ニ候共、右始末不届ニ付、遠嶋、

（付箋）此周助儀、伺之通、遠嶋可被申付候、

右者御城代松平伊豆守殿御附札

外国との貿易で利益を上げた三郎右衛門に押し借りをしたようである。八月十八日の政変以降過激な攘夷派への役人の対応もとても厳しくなっていた。以前のように、押し借りがうまくいくとは限らなくなっていた。周助は遠嶋（島）とあるが、五月二十八日以後の梅原介五郎については不明であり、自害したか殺害されたのではないかと思う。梅原、小嶋、今泉

は、共に行動していたので郷里が近い可能性がある。

新見や梅原、小島、関口、今泉らは、その後私祭神として合祀され、名が『京都養正社所祭神名録(70)』に記載されている。しかし、川瀬教文の記録にも木場伝内の書簡にも、梅原、小嶋、今泉らと途中まで一緒に行動していたはずの新見の名がない。新見は、三人が三田尻を出帆する文久三年十月までには、その三田尻で既に亡くなっていた。京都で亡くなったという永倉の説は、今や根底から覆った。

六　芹澤鴨と新見錦と今泉与一太郎

もし芹澤鴨が下村嗣次なら、嗣次は万延元年（一八六〇）、玉造郷校で新家粂太郎と出会っているはずである。安政六年（一八五九）の長岡屯集にも、共に参加していた可能性がある。しかも二人とも、万延二（一八六一）年の佐原で、八百両を押し借りした張本人である。玉造郷校で、大津彦五郎や大高彦次郎を中心に文武館党を結成した時、新家粂太郎の序列は一〇番目で、下村嗣次は一八番目であった。

『尽忠報国勇士姓名録』によれば、新見錦は、文久三（一八六三）年二十八歳であるので(71)、玉造郷校にいた頃は二十五歳となる。同様に玉造郷校にいた頃の下村嗣次は、芹澤鴨と同一人物で文政九（一八二六）年生まれなら、三十五歳となる。下村嗣次は文久元（一八六一）年三月二十八日、新家粂太郎は四月十四日に捕縛されている(72)。その後二人共文久二年十二月に釈放され、翌年二月浪士組に参加する。新見は、文久三（一八六三）年六月、正親町公董の長州に向かう勅使の近習役になった(73)。新見錦は、その後の浪士組には影も形もない。新見錦は、文久三年五月頃、壬生浪士組を離脱していた。

永倉新八の『浪士文久報国記事』によれば、新見錦は吉成恒次郎の宿に押し掛け乱暴を働いたため、詰め腹を切らされたと言う。しかし、永倉の著書では、新見錦の死亡日や死後の扱いについては不明である。新見が「山の緒」で詰め腹を切らされたと永倉が述べたのは、事件後五十年を経た大正二（一九一三）年である。文面も、鹿島淑男の『新選組実戦史』に酷似していると言われる。永倉も新見の切腹の現場に立ち合ったわけではない。永倉の記憶違いか、小樽新聞の記者がそれ以前の著書を参考にしたためと思われる。永倉は、近藤や土方から、「新見なら山の緒で詰め腹を切らせた」と言われ、その言葉通りに解釈したと思われる。『歴史と旅』昭和五十五年十一月号において、今川徳三氏は、詰め腹を切らせたとは、近藤か土方が永倉に語ったとしても、言葉の綾で、近藤か土方に「京都を去ることを示唆され、新見もそれに素直に従ったのであろう[74]」と述べた。新見が、「同志に一言の挨拶もなく壬生の屯所から姿を消してしまった」という今川氏の説は、今考えるととても興味深い。

新見錦は、『尽忠報国勇士姓名録』によれば、文久三（一八六三）年二月浪士組の三番小頭に就く[75]（永倉の『浪士文久報国記事』では、四番小頭）。三月中旬の『会津藩庁記録』では、芹澤鴨に次ぐ二番手に記され[76]、同月下旬『志大略相認書（こころざしたいりゃくあいしたためがき）』の建白者連名では、近藤勇の次の三番手に記されている[77]。新見錦自身が記したものとしては、四月二日大坂平野屋への借用書の口上書きに、芹澤鴨や近藤勇と伴に署名しているのが最後である。四月後半には隊長から副長となり（あくまでも永倉一人の説だが）、五月下旬頃の『国事異聞』の名簿では、姓名が記されていない[78]。五月には新家の名で、自筆とは言い難いが、万屋宛の借用証が存在する。当然である。今川氏が述べたように、五月下旬頃は浪士組にいなかったのである。

『中山忠能日記』（四）補遺の五月二十四日に、「公董朝臣入來（中略）／水浪（芹沢カモ、今泉与一太郎）有志士ノ事桃花へ中事頼後刻遣状[79]」とある。あさくらゆう氏によれば、芹澤鴨と今泉与一太郎の二人が、監察使の件で中山忠能と話したという[80]。しかし、公董が中山忠能の所へ行き、芹澤や今泉の事を話したとも読める。「桃花」は忠能の知人で、それ以下の文は別の内容であろう。『中山忠能日記』のこの文章に監察使という表現もないので、当然他の史料も合わせて論じていると思われるが、あさくら氏の説が事実と仮定すると興味深い。その翌日、芹澤鴨をはじめとする三十四名の壬生浪士が、将軍家茂の東帰を目前に控え、将軍に滞京を求める建白書を、在京の老中板倉周防守に提出した。建白書が事前に書いてあったとすると、芹澤鴨の狙いは、自身が監察使になることではないと思う。四月十八日に朝廷に約束した五月十日の攘夷期限を過ぎても、将軍家茂が攘夷する様子はなく、むしろ江戸に戻ろうとしていた。それに、芹澤鴨や近藤勇が反対し、将軍の滞京を求めたのである。同時に、将軍が帰っても攘夷ができないという違勅の幕府を討とうとする過激派の行動を阻止しようと、自分たちも滞京する決意を固めた(81)。

　これに対し今泉与一太郎は、壬生浪士組のように将軍に攘夷実行を願うのではなく、朝廷の監察使として長州へ派遣された正親町公董に随従し、九州諸藩に攘夷を迫り、願わくば自分たちも攘夷の魁になりたいと考えたのだろうと思う。この一行には、今泉の他に前述の様に、新見錦（＝新家粂太郎）や川又、前木、小河、関口、梅原、小島らがいた。その後壬生浪士組の新見錦が京都で切腹したと言われる頃、新見錦は長州で亡くなっていた。加藤桜老（元笠間藩の儒学者、高杉晋作らとまじわる。長州藩に招聘され萩藩校明倫館の教授、名は煕、又は有隣）の慶応四（一八六八）年の『復京日記』四月二十日の条によれば、新見錦の墓は、山口県防府市（三田尻車塚の蘆樵寺）にあった。墓碑には「水戸浪士故久米太郎新家之墓・文久亥九月十五日廿八歳」と刻まれていた。残念だが菊地明氏は、『新選組謎解き散歩』の中で、この一節を、「新見錦＝新家粂太郎説」を否定するために引用した(82)。逆に筆者は、それを肯定するために引用する。これが筆者の新見錦に関する結論でもある。『復京日記』には、以下のように記されている。

廿日車塚の土昌寺にて故人の墓に一別す。水戸浪士故久米太郎新家之墓、裏に文久三亥九月十五日廿八歳と刻せり。実に攘夷奮発して、正親町様御勅使の御供にて下向、暴飲に因って罰を獲て友此処の土となる。可憐可歎。

「土昌寺」は「蘆樵寺」の誤りである。このように、加藤桜老によれば、三田尻車塚の蘆樵寺には新家粂太郎の墓があったという。菊地明氏は、この「土昌寺」が「芦樵寺」の間違いだと述べている。また、新見錦と新家粂太郎の二人を別人とした上で、新家粂太郎は、「三田尻滞在中に処刑されたのであろう。」とも述べている。しかし、二人は同一人物で、しかも「処刑」ではないと思う。

近藤勇や土方歳三が、いくら新見錦を殺害するためとはいえ、わざわざ長州まで刺客を送るとは思えない。正親町卿に随従し、他の水戸藩浪士と行動を共にしていたなら、新見一人が殺害されるというのも変である。現在残された僅かな史料等から考えると、筆者としては、「新見錦（＝新家粂太郎）三田尻自害説」を唱える。新見錦には酒乱の癖があり、水戸藩内部でも壬生浪士組でも手を焼いていた。前述の『事情形勢史略（四）』には、万延元（一八六〇）年三月頃に玉造郷校に集まった、水戸藩尊攘激派玉造勢の出身地と名前と年齢が記されている。また手に余る乱暴者（要注意人物）には、●（黒丸）印が付けられている。●印が、下村嗣次は三つ、新家粂太郎と成嶋佐一郎は二つ、田邊貞介（助）、川又佐一郎、渡辺剛蔵、中野仲、遠藤若十、大塚礭三らは一つである。その頃から下村嗣次と新家粂太郎は、水戸藩中にその名を轟かせていた。新見錦は、文久三年五月頃京都で問題を起こし謹慎させられる。芹澤鴨にも手に余り、当時京都にいた同じ水戸藩の吉成勇太郎に相談する。吉成勇太郎は当時京都に来ていた正親町卿の家士徳田隼人に、新見を正親町卿の親兵として紹介する。徳田隼人は、吉成勇太郎の頼みでもあり、新見錦の謹慎を解かせ正親町卿の親兵に推薦した。この頃吉成勇太郎は、芹澤や新見のリーダー的存在であり、京都で何かと相談にのっていた。加藤桜老の『近光日記』によれば、関口、前木、今泉らは、いずれも吉成勇太郎の門人である。文久三年二月から八月、桜老は京都におり、吉成勇太郎や高杉晋作、久坂玄瑞、桂小五郎、小田村伊之助らが度々面会に訪れた。折角監察使正親町卿に随従したが、新見は、三田尻でも又問題を引き起こしてしまう。新見錦はやはり、酒を飲んで不始末をしでかしたのであろう。そして、新見錦は長州で自害した。

永倉は、『浪士文久報国記事』では、新見錦が四条木屋町の吉成常郎（恒次郎のことか）の下宿で乱暴をはたらき切腹したという。しかし『新撰組顚末記』では、祇園の貸座敷山緒で近藤らに切腹させられたという。永倉の関わった二つの書物で新見錦に関する記述内容が異なるのがそもそも変である。永倉新八自身、新見の死を確認したわけではないので、切腹したという場所が変わっても仕方がない。しかし菊地明氏は、『新選組謎解き散歩』において、「永倉新八は新見の死亡地を（中略）としていたが、いずれも京都であることに違いない[83]。」と述べている。「いずれも京都」だが、証明できるものはない。西村兼文の『新撰組始末記』に新見の名がないと言うが、西村は新選組創設当時のことは知らなくて当たり前である。書いてないからといって、新見錦を田中伊織と同一視する根拠にはならない。また菊地明氏は、東禅寺事件に「新見と芹澤は関与していない[84]。」と述べている。さらに菊地氏は、「三田尻と京都という異なる場所で死亡した人物が、同一人物であるはずがないではないか[85]。」とも述べている。それは、菊地明氏が、永倉新八の新見錦京都死亡説を信じ、しかも新見錦＝田中伊織説を唱えているから言えることであって、そこまで永倉新八の説に信憑性があるとは思えない。

『水戸藩史料』や『水戸藩末史料』等の各種史料により参加した人数が定かでないが、東禅寺事件は、玉造勢の有賀半弥（ありがはんや）（重信）や黒沢五郎（保高（やすたか））ら十四名から二十二名が、文久二年五月二十八日、高輪（たかなわ）東禅寺に斬り込み、英国人書記オリファントと領事モリソンを傷つけ、警護の兵二人を殺した事件である。史料により潜伏場所にも違いがあるが、一説では、このとき先発隊が上野に潜伏しており、二十三日上野を出発し神奈川に入った。残りの数人は、二十四日常陸国玉造村から海路安房を過ぎ、浦賀を経由し鈴ヶ森から上陸した。しかし先発隊の所在がつかめず合流できなかったため、先発隊に一名が加わっただけで計画を実行した。下村嗣次と新家粂太郎が玉造勢であった事は疑いのない事実である。果たして玉造勢の中心人物の二人が、東禅寺事件に無関係だと言って誰が信じるだろうか。また、計画にも携わっていないと言い切れるだろうか。

三田尻にあったはずの新家の墓碑が現存していないのは、さしたる重要なことではない。蘆樵寺は、観応元（一三五〇）年大内家菩提寺として防府市戎（えびす）町に建立された。大内氏没落後は寺門振るわなくなったが、寛文年中（一六六一～七三）、山口市宮野の中興南山和尚を迎え、復興され隆昌となった。そして、寛文五（一六六五）年に三田尻車塚へ移転した。明治元（一八六八）年、松崎町の正定寺が宮市の正念寺と合併し、松崎町の跡地へ蘆樵寺が移転した。その後、移転前の蘆樵寺の敷地が鉄道の線路にかかった。墓のある人々には告知し移転させたが、連絡の取れない墓は、無縁仏として供養したそうである。今の車塚に蘆樵寺はないが(86)、加藤桜老が見た蘆樵寺は、現在松崎町にある芦樵寺ではなく、車塚にあった蘆樵寺である。従って、芦樵寺に新家粂太郎の墓碑がないのは当然である。『復京日記』に、土昌寺（蘆樵寺）に墓があったと書かれていることが重要なのである。今の「芦樵寺」を判断基準にするのがが間違っている(87)。菊地氏の言うように、遠方（京都）で死亡したのをわざわざ運んで埋葬したのではなく、三田尻で亡くなったのである。近い寺に葬ったので、どこにも矛盾点はない。新見錦が京都で亡くなったと信じている人には、蘆樵寺に墓があったことは納得できないであろう。しかし、新家粂太郎（新見錦）の墓が蘆樵寺にあったのは紛れもない事実である。

吉成恒次郎は、元治元（一八六四）年一月の余八麿（後の昭武・斉昭十八男）の上洛に随行するため、文久三年九月の時点では、本圀寺組の役目を無事終えて、国元或いは江戸へ戻っていた。文久三年、同じ本圀寺の関口泰次郎や小河吉三郎は六月の時点で、芹澤又衛門孝幹や菅谷八次郎は八月の時点で、それぞれ別行動をとっている。彼らの本圀寺組としての役目が続いていたなら、別行動をとるとは思われない。吉成恒次郎も、九月には京都に居なかった。国立公文書館所蔵の贈位内申書「吉成恒次郎事蹟」には、「恒次郎同志ノ一隊ヲ率ヰ扈従ノ列外ニ在リテ上京ス尋イテ慶篤帰府スルニ及ヒ又帰東ス(88)」と記されている。吉成恒次郎は既に京都にいないので、新見と揉めるはずはない。『浪士文久報国記事』の新見錦京都詰腹説は、全く有り得ない。

新見錦は、芹澤鴨や近藤勇とも相談の上で、結果として今泉与一太郎と同じ方法で攘夷実行をすべく、浪士組を離脱した。芹澤鴨と近藤勇は、自分たちの手に余る新見錦を徳田隼人に頼み、監察使正親町卿の親兵として随行させることにした。近藤は芹澤から、このことについて相談を受け、新見が長州に行くことも知っていた。新見錦にしても、長州に行くことが条件で謹慎が解かれるならと、喜んで条件を受け入れた。この頃の近藤にすれば、謹慎させておいた人物を許して長州に行かせたとも言えないだろうし、局長にまでなった男を切腹させるのも忍びなく、芹澤の案に従った。一方芹澤鴨自身は、将軍家茂の僅かな攘夷の可能性を信じ、老中への建白書という形で将軍の滞京を願った。あるいは芹澤鴨は、本来は自身が正親町公董に随従したいが、隊長芹澤と副長（永倉の説だが）新見の二人がいなくなっては、壬生浪士組が近藤一派に牛耳られるため、同じ水戸派の平間や平山、野口らのことを考えて、新見錦や今泉与一太郎に、正親町卿に随行する方法を託したとも考えられる。或いは、土佐・水戸・肥後・久留米藩各十人・姫路藩五人(89)、という親兵の選に、漏れてしまったのかも知れない。あさくらゆう氏が述べた、芹澤鴨が中山忠能に会いに行ったということが、万が一事実と仮定すると、玉造勢以来旧知の仲である今泉与一太郎を、正親町卿の親兵として紹介したのかも知れない。もし今泉が武士でなく郷士であったなら、公家の屋敷に一人で行くには多少心細かったと思う。繰り返すがそれがもし事実なら、今泉にとって芹澤鴨は、心強い友であったと思う。何れにしろ鴨にとっては、悩みに悩んだ末の決断であったと思う。芹澤鴨は、酒を飲んで乱暴狼藉を働いてばかりいたのではない。

もし新見錦が、文久三（一八六三）年五月二十五日まだ浪士組にいたなら、たとえ降格されていたとしても、建白書に名前が記されていないはずはない。あさくらゆう氏は、その著書『新選組を探る』の中で、新見錦が『浪士文久報国記事』の八月十八日の政変時に登場しないため、「すでに自刃していたと捉える方がよかろう(90)。」と述べている。しかし仮に僅かな時期であっても、壬生浪士組の二番手に記された人物が、四条木屋町あるいは祇園の山の緒で切腹させられて、墓の一つも建てられなかったはずはない。京都での切腹自体は、誤伝か創作である。あさくらゆう氏も、『新選組を探る』では、『新選組読本～隊士外伝』で述べたような、「大和屋事件新見主犯説」は論じていない。従って筆者は、五月下旬の段階では、新見錦は浪士組にはいなかったと解するものである。

もちろん、新見錦と田中伊織は別人である。新見錦＝田中伊織説を主張する研究家は、その根拠として、新見の墓がないこと、田中と新見の名前が同一の名簿に記載されていないこと、西村兼文の『新撰組始末記』において、京都残留組として平山の次に田中伊織の名前があること、などを理由に挙げている。しかし、繰り返すことになるが、二人の名が同一の名簿に書かれていないからといって、同一人物だとは限らない。三つ目の根拠に関しては、西村は壬生浪士組創設当時のことを知らないはずである。同じ京都残留組に、後に入隊するはずの葛山武八郎、河合義三郎、酒井兵庫、奥沢栄助などを挙げているため、田中伊織の書かれた壬生浪士組創設当時の名簿に関する限り、信憑性はない。田中伊織は、文久三年六月初め頃上京し、新選組に加入したと思われる。

六月三日の大坂力士との乱闘事件の際も、新見はいなかった。八月十八日の政変時にも新見の姿はない（永倉新八は、『浪士文久報国記事』では新見がいないが、『新撰組顛末記』では、新見を登場させている。ここでは前者を採用した）。子母澤寛の『新選組遺聞』では、新見について八木家の次男が、「水戸から来ている新見錦もいつの間にかいなくなっていたし…(91)」や、「新見と粕谷というのはまるきり覚えがありません(92)。」と語っている。

永倉は近藤にとって、試衛館の同志ではあるが、芹澤グループにとっては、神道無念流の同門である。芹澤グループと親しい永倉は、芹澤殺害メンバーにも入れられず、真相も知らされていない。その永倉に近藤が、新見錦の壬生浪士組離脱の真相を話すとは思えない。山の緒での詰め腹は、近藤が永倉に流した偽情報である可能性が高い。以上の点から、新見錦京都切腹説は、永倉新八の記憶違い又は近藤勇の偽情報だった。

新家粂太郎家の墓（常磐共有墓地）

あさくらゆう氏は、『新選組を探る』の中で、新家粂太郎の墓が「酒門墓地にある」と述べているが、それは、粂太郎家の墓ではない。新家粂太郎家の墓は常磐共有墓地にあり、何代かに渡り「条」の通字を用いていた。また芹澤鴨は、会津藩に勅使随従の勅命が下り壬生浪士組が内示を受けた為、有栖川宮家（ありすがわのみや）を訪れたと思う。さらに会津藩に無断で行動したなら、「松平肥後守預り」とは名乗らないと思う。永倉は『浪士文久報国記事』の中で、誤って「六月頃」と書いてしまった。永倉も知っていたことで、特に問題にしていない。芹澤鴨の暗殺の主たる理由とは言えないと思う。

七　元神官下村嗣次＝芹澤鴨説の疑問点

第二章において、元神官下村嗣次＝芹澤鴨説の解決されない四つの疑問点について述べた(93)。今回はさらに、新たな六つの疑問点について述べたい。

第一に、前述の『事情形勢史略』（四）には、万延元年玉造郷校に集まった水戸藩尊皇攘夷激派の名前と年齢が記されている。それによると、下村嗣治（「治」が使われている）は当時三十三歳である(94)。この古文書が同じ万延元年に記録されたとすると、下村嗣次は、文政十一（一八二八）年の生まれになる。あさくらゆう氏が言うように、その子常親（つねちか）が生まれたのが弘化元（一八四四）年なら、その頃嗣次は十七歳である。遅くとも、十六（満十五）歳までに結婚していなければならない。年齢的に不可能ではないが…。

また、芹澤鴨と下村嗣次を同一人物だとした上で、天保三年の生まれだと論じる研究家が見受けられる。だとすると、常親が弘化元年の生まれなら、前者は十四（満十三）歳までに、後者は十二（満十一）歳までに結婚していなければならない。そもそも、あさくらゆう氏が述べているように、常親が下村嗣次の子で間違いがないのだろうか。

第二に、あさくらゆう氏は、『新選組水戸派・新選組を創った男』の中で、「釈放された継次はその足で故郷、芹澤家に向かった。（中略）芹澤家では、鴨に縁談を組み、妻帯させたが、（以下略）」と述べている[95]。また、あさくら氏は、歴史群像シリーズ七二『新選組隊士伝』の中で、「芹澤家の伝承では、家も焼かれて、一家は没落し、鴨の妻も心労のためか、慶応四（一八六八）年に死亡している。子供はいなかったようだ[96]。」と述べている。筆者は、芹澤家本家に鴨の妻がいたことすら知らなかった。

仮に、芹澤鴨が芹澤家本家の出身で下村嗣次だとすると、鴨は文久元（一八六一）年三月二十八日、自宅に潮来松本屋の遊女色橋を連れ込み潜んでいたところを捕縛されたことになる。捕縛された後は、一年九か月程獄中で生活し、翌年十二月二十六日赦免され[97]、文久三年二月四日には江戸小石川の伝通院に姿を現す。僅か三十六日後である。玉造勢として捕らえられ同じ水戸の獄（新設の細谷の獄か）にいた者の内、大津は自害が明白であるとしても、武田信之介、富永謙蔵、岡崎市太郎、大高彦次郎、服部豊次郎、興野真之介、田邊貞介ら十四名も、共に獄中で亡くなっている。毒殺ではないかとも言われている。野口哲太郎（正安）でさえ、獄舎を出て後の文久三年二月、慶篤の上京に従って京へ行くが、役目を終え帰国すると、同年十月病気で亡くなっている。水戸の獄に捕らわれた者で生き残ったと思われる、下村、新家、梅原、生田目、成島らは、運が良かったとしか言いようがない。長い間獄中にいた鴨にとっては、体を快復させるのが精一杯ではなかろうか。獄舎を出て芹沢村の自宅へ行き、さらに江戸へ行こうといった、生易しい事ではない。短い期間で妻帯までしたとは信じがたい。

第三に、そもそも、鴨が上洛するに当たって、「両親や妻子」と別離を惜しんだという永倉新八の話は、史実なのだろうか。仮に芹澤鴨が通説の芹澤家本家出生説であるとすると、鴨が自宅に戻った時、父貞幹（さだもと）は七十九歳である。翌年八十歳で亡くなる。母親が貞幹と同年代であるとすると、両親ともそれ程元気であったとは思われない。芹澤鴨が長男か後継ぎならともかく、あさくら氏が言った両親が鴨に妻帯させた話は史実なのだろうか。妻子などいたのだろうか。芹澤家分家出生説でも考えてみたい。『水府系纂』によれば、父以幹は嘉永五（一八五二）年既に亡くなっており、二人の兄政太郎と政八郎（初名光幹、義幹或いは又衛門）も亡くなっている。母が生きていたとしても七十歳位になっていただろうから、別離を惜しむ相手が限られてくる。もしこの母が亡くなっていたとすると、別離を惜しむ「両親や妻子」などいないはずである。芹澤家本家出生説の立場を取るあさくら氏でさえ、本家に子供はいなかったと述べていた。

第四に、歴史群像シリーズ七二『新選組隊士伝』において、あさくらゆう氏が、桐野作人氏の論述の中で提供した写真によれば、下村家墓誌には、「可阜勇比賣下村氏（神官下村嗣次）文久元年六月十四日」と彫られている(98)。写真の解説によれば、「下村家ではかつて養子であった嗣次を悼み、墓誌には姿を消した文久元年を没年として名を刻み、記録にとどめた。」という。しかし「比賣」は、一般的に女性に付ける名称である。玉造郷土文化研究会（現行方市）の機関誌『玉造史叢』第四五集では、「神官下村嗣次」と「可阜勇比賣下村氏」を別人として刻んだ墓誌を掲載している(99)。墓誌は作り替えられていた。

第五に、平成十七年五月発行の『耕人』に掲載された、長久保片雲氏の論述によれば、下村祐斎の位牌の裏面には、「祐斎の子」として、「常親」の名が記されているという。あさくらゆう氏は、それをなぜ、「祐斎の孫」と解釈したのかがよく分からない。神官でも位牌を作るのか、とも思うが。

第六に、元治元年の吉田家文書『(水戸)御領内神官姓名簿』(茨城県立歴史館蔵)によれば、「荒川大宮司支配　下村祐」と書かれ、現役の神官である。あさくらゆう氏によれば、文久元年下村嗣次が失踪後、常親が神官を継いだというが、本当だろうか。安政六年の吉田家文書『小金駅出張中雑記』(同歴史館蔵)にも、「松井　下村祐」とある。「斎」は敬称であり、「祐」が正式名である。下村嗣次が神官であったというのも疑わしい。嗣次が、幾つかの史料で「神官」や「元神官」と書かれているが、自分で「神官」と名乗ったり署名したりしたわけではない(四〜六の疑問点は、作家浦出卓郎氏のご教示を元にしている)。

『常総の歴史』第四七号において、芹澤鴨の名について、一般的に言われている「鴨の宮」に由来するという説に加え、佐原村で八百両を押し借りした際に浪士が謝礼として置いていった酒の銘柄が「鴨一番」であったという点に触れた[100]。これは、『千葉県の歴史』資料編近世I(房総全域)に基づいて[101]、日野市立新選組ふるさと歴史館史料叢書第二輯に記された「酒一樽・鴨一番を贈り」の一文を引用したものであった[102]。しかし、作家浦出卓郎氏より、この「番」は「つがい」と読むのではないかというご指摘を受けた。本誌第二章では、「酒一樽と鴨一番（ひとつがい）を贈った」と訂正した。尚、下村嗣次が拝した「鴨の宮」が、清水理繪氏が別冊歴史読本『新選組大全史[103]』で述べた加茂（かも）地区にある「鴨の宮」でない点については、第二章で述べた通りである[104]。詳しくは、霊山歴史館友の会機関誌第一五四号をご覧頂きたい。

　近藤勇の書簡に「下村嗣司事改芹沢鴨と申仁」とあるが、役人の厳しい詮議を受け本名を名乗らねばならないならいざ知らず、変名を名乗っている者が、自分からわざわざ周囲の者に本名を教えるとは思われない。自ら下村嗣次（司）が本名だと語ったとすると、芹澤鴨が下村嗣次をよく知っていて、その名を騙った可能性も十分に考えられる。「申仁」とは、芹澤本人が「〜と言っていた人」ではなく、「〜と言われている人」の意味ではないだろうか。芹澤本人が言ったと捉えるか、周囲の者が言ったと捉えるかによって、大分意味合いが違ってくる。

　従って筆者は、幾つかの行動様式から、芹澤鴨が天狗派にいたらしいことは認めるが、著名な研究家が述べているような「元神官下村嗣次＝芹澤鴨」説を、幾つかの疑問点が解決されていない今の段階では、まだ認める事が出来ない。ましてや、芹澤鴨が芹澤貞幹三男で、芹沢村の出身であるという説も認める事は出来ない。

八　芹澤又衛門家

江原忠昭氏編集の『改訂水戸の町名』によれば、天保期の芹澤又衛門家は、水戸の十軒町といわれる所にあった。昭和五十五年（一九八〇）に東台（ひがしだい）一丁目となった。現在児童公園のある辺りである。両隣は、佐々木政衛門家と北河原常衛門家であった(105)。一方、前田香径著の『江戸時代の水戸を語る』引用の市街図では、佐々木政衛門家が荒井孫八郎家となっているが、もう片方の家は、やはり北河原家である。後者は、本間玄調や原市之進らの屋敷が記されているから、幕末に近い頃の市街図ではと思われる(106)。さらに、別冊歴史読本『新選組組長列伝』の「芹沢鴨異聞」に掲載された「水府上下御町細見」（維新研究室〈柳川〉所蔵）によれば、やはり芹澤家の隣が佐々木家と北河原家であり、『改訂水戸の町名』が引用した史料と同時期の天保期のものと思われる(107)。

また、芹澤又衛門義幹の子亀三郎は、明治維新後「馨（かおる）」を名乗った。幕末期京都にいた芹澤馨は、天狗派と諸生派の争いに巻き込まれずに生き残り、水戸酒門共有墓地の芹澤家墓地管理者となった(108)。芹澤馨は、芹澤介次郎豪幹の履歴を、明治七年茨城県を通じ政府に提出

芹澤又衛門家のあった十軒町（今は東台）

し(109)、介次郎は明治四十（一九〇七）年五月二十七日に従五位を得ている(110)。履歴には、介次郎の辞世の句と漢詩も記されている。芹澤馨は、明治十（一八七七）年、大阪鎮台歩兵第九連隊第三大隊第二中隊の陸軍軍曹として(111)、西南戦争に従軍して負傷し、水戸下市赤沼町の母（清光）の実家で、明治十一年五月三十一日、三十歳十ヶ月で亡くなった(112)。その後明治十九（一八八六）年三月十九日、当時の内閣書記官長田中光顕から、陸軍省総務局次長児島益謙宛に、芹澤馨の母に対し一時限扶助料が十五日付で下賜されることになったという、辞令発布の通牒（通知）と、本人宛の辞令が出された(113)。陸軍省では、芹澤馨の死亡の原因が西南戦争による負傷にあることを軍医本部に問い合わせるなど、きちんとした手続を経て通牒を出したため、芹澤馨の死亡原因の取調照会後五年を経過していた。その間の史料等も防衛省防衛研究所に残されている。従って芹澤馨の母は、少なくとも明治十九

（一八八六）年までは生存していたと思われる。

　あさくらゆう氏は、「残る分家の一族も、反対派閥の諸生党に自宅を急襲され、娘ひとりを残して全員惨殺されたと、その難を逃れた娘の子孫が語り残す(114)。」と述べている。しかし、分家の一族が諸生党に惨殺されたことを証明できるものはない。又衛門義幹の長子秀蔵孝幹は、明治六（一八七三）年二月から同十七年九月まで静岡県において、今で言う小学校の校長をしていた。子之吉は早世し、介次郎豪幹は天狗党の乱に参加して敦賀で処刑され、亀三郎は西南戦争で負傷して帰郷してから亡くなった。四人とも諸生派に惨殺されたのではない。また、彼らの母親は明治以降も生存し、実家の小澤（こざわ）家に戻り我が子芹澤馨（亀三郎）の帰りを待っていた。あさくら氏の言う「難を逃れた娘の子孫」とは、一体誰なのだろうか。

　さらに、この介次郎の履歴を書いた芹澤馨（亀三郎）は、孝幹が京都を離れたため、孝幹とは途中から行動を共にできなかったと考えられる。とすると、八木家の次男が語った、芹澤鴨を訪ねた二人とは、介次郎と亀三郎なのではないかと思われる。ただ、『水戸市史（中巻五）』によれば、明治六（一八七三）年に提出した履歴が一旦焼失し、翌七年再提出させたとのことなので、芹澤家で全て再提出したという前提の話である。孝幹は以後望月姓を名乗り（『蒲原町史』・『富士川町史』等）、郷里に戻る事はなかったものと思われる。

『水府系纂』によれば、水戸藩士小澤平衛門永昌（一七九一～一八四三）の長女は、芹澤五衛門光幹に嫁いだ[115]。光幹と言えば、芹澤鴨の諱と同じであるが、芹澤又衛門義幹の初名とも同じである。『殉難死節之者履歴（九）』の「芹澤助次郎」の履歴に、「祖父又エ門以幹父平蔵義幹二男母小澤氏[116]」とあることから、五衛門光幹は、又衛門義幹のことである。

弟の小澤九八郎永貞は、文政四（一八二一）年の生まれなので、その姉であれば、文政三（一八二〇）年以前の生まれであろう。従って、義幹が文化十二（一八一五）年の生まれなので、義幹と妻の年の差が四・五歳位となる。また、芹澤馨の母（芹澤又衛門義幹の妻）の実家小澤家は、赤沼町にあった。

なお、芹澤又衛門を記した各種文献に、「又右衛門」と「右」を付ける場合が見受けられたため、これまでに筆者も、ついつい「右」を付けてしまうことがあった。しかし、『水府系纂』に見られる通り、芹澤家分家の「又衛門」は、代々「右」を付けない。また、芹澤又衛門家は酒門共有墓地にあるが、見たところ、花や線香を上げに来る末裔の方はいないようである。芹澤馨あるいは母が亡くなった時点で、芹澤又衛門家は絶家となったものと思われる。

九　芹澤家本家貞幹の男子

釣洋一氏は、『新選組再掘記』において、芹澤鴨が芹澤貞幹の三男で、幼名を竜寿(たつとし)といったと述べている[117]。しかし、竜寿が貞幹の子でなく孫であり、しかも早世したことは、既に明らかである。

あさくらゆう氏によれば、芹澤鴨の幼名は「玄太(げんた)」で、文政九（一八二六）年生まれの芹澤貞幹三男である[118]。歴史群像シリーズ七二『新選組隊士伝』や『新選組を探る』には、「玄太」の名を記した法眼寺過去帳の写真が掲載されている[119]。過去帳には、ある女性の立派な戒名の下に「芹澤玄太妻」と書かれ、その「玄太」が芹澤鴨の幼名だというのである。『新撰組全隊士録』によれば、清水理繪氏も同様のお考えの様である。しかしこれだけでは、「玄太」の生没年も、芹澤鴨の幼名であるかどうかも分からない。芹澤鴨の幼名は「玄太」で間違いないのだろうか。ここでもう一度、貞幹の男子について整理してみたい。

貞幹の長男は興幹(おきもと)で、天保十三（一八四二）年に三十二歳で没した。このため、窪谷(くぼのや)氏に養子に出されていた次男成幹(なりもと)が呼び戻され、家督を嗣いだ。成幹は、天狗党を支援したため投獄され、慶応二（一八六六）年に五十三歳で亡くなった。『芹澤家譜』に記された貞幹の男子は、この二人だけである。釣氏やあさくら氏が述べた三男が鴨で新選組局長なら、文久三年に殺害され、芹澤本家の家督相続は、成幹の長子美幹が一人前になるのを待たねばならない。しかし、芹澤家本家は美幹の成人を待つまでもなかった。貞幹の三男が鴨であるかどうかは別にしても、『芹澤家譜』には記されていないが、実は貞幹には、興幹と成幹の他に、少なくとも二人の男子がいたことが判明した。近年明らかになった史料をもとに考えてみよう。

塙泉嶺の『鹿島郡郷土史』では、「外記貞幹の四子」とあるが(120)、内務省の調書では「芹澤外記（貞幹）の四男」と書かれた人物がいる(121)。この四男は、調書によると文政九（一八二六）年の生まれである。これが、あさくらゆう氏の言う「玄太」なのだろうか。この内務省の調書や墓碑によれば、芹澤貞幹の四男は、名を「庄七（しょうしち）」（壮七・荘七・勝七郎とも）、諱を健久と言った。庄七は嘉永三（一八五〇）年、後の茨城町駒場（明治十一年鹿島郡、同二十二年沼前村、昭和三十年茨城町）の長谷川四郎右衛門家（酒造業）に養子に出て、長谷川庄七を名乗った。内務省の調書の一部を抜粋すると、以下の通りである（句読点は原文にない）。

調　書

一　氏　名　　長谷川　庄七
二　既有位階勳等　無シ
三　生年月日　　文政九年
四　事　蹟
　　常陸國鹿島郡駒場村ノ人、常ニ尊攘ノ実行ヲ図リ田丸稲之衛門等ノ筑波義挙ニ
　参加シ遂ニ那珂湊ニ戦死ス
五　死亡ノ年月日並其ノ原因　　元治元年八月十六日戦死
六　遺族ノ状態　　現戸主茨城縣鹿島郡沼前村大字駒場ニ住シ農ヲ業トス、其ノ子ハ仝
　　　　郡鉾田町ニ於テ運送業ニ従事ス
七　前項ニ関スル調書ノ出処　　水戸藩死事録、波山始末等

　　長谷川庄七事蹟
長谷川庄七ハ常陸國行方郡芹沢村芹澤外記ノ四男、鹿島郡駒場村郷士長谷川四郎右衛門
ノ嗣子トナル、父ノ後ヲ襲キテ里正トナリ、（中略）元治元年春水戸ノ士田丸稲之衛門

藤田小四郎等義兵ヲ挙ケテ攘夷ノ先鋒タラントシ（中略）諸隊又続々河ヲ渡リテ攻撃シタレハ、敵軍全ク支フル能ハス、水戸城下ヲ指シテ遁走シタリ、是レ實ニ元治元年八月十六日ノ事ナリ、庄七享年三十九。

長谷川庄七の墓碑と内務省の史料によれば、長谷川庄七は、長谷川家の娘八重子と結婚した。庄七は養父の後を継いで里正となった。文久三（一八六三）年三月、水戸藩主慶篤が上洛すると、庄七は江戸城西丸の警備を行った(122)。慶篤が四月に江戸に戻ってからしばらく後、庄七は用済みとなり、新しく募集のあった新徴組に入った。宮地正人氏の『歴史のなかの新選組』によれば、「江戸にて入隊(123)」とある。その後新徴組を脱走して、同年九月十八日付の『小川館尊皇攘夷連名帳』によれば、小川郷校（現小美玉市）に姿を現す(124)。十月半ば頃、姻戚関係のあった府中（石岡市）の紀州屋に山田一郎らと現れ、十一月頃には、同じく山田一郎らと共にその紀州屋で藤田小四郎と会う(125)。その後元治元（一八六四）年二月一日、小川郷校に立ち寄る。そして、三月下旬に挙兵した天狗党の乱に加わり、那珂湊の戦いで戦死する。墓碑によれば「歿實八月十五日也享年四十一」とある。文政七（一八二四）年の出生である。調書では文政九年出生だが、碑文では文政七年出生である。調書は、贈位を求められたために内務省が調査したときのものである。『水戸藩死事録』や『波山始末』等の書物を元に作成した調書よりは、長谷川家墓碑文の方が信憑性がある。その後、庄七は贈位されず靖国神社に合祀された(126)。

庄七は、天狗党で諸生派に追われる立場であったため、貞幹が『芹澤家譜』に記すのを躊躇ったのであろうか。それなら、成幹も同じ立場のはずである。『芹澤家譜』に記されなかった理由とは言い難い。また庄七は、芹澤貞幹四男で文政七年の生まれであるため、「芹澤鴨は、芹沢村芹澤家本家貞幹三男で、文政九年生まれの幼名玄太」という通説が当てはまらなくなる。庄七の幼名が「玄太」だという伝承もない。さらに「庄七」が四男とあるからには、三男が居なければならない。実は、その三男ではないかと思われる人物がいたのである。

慶応四（一八六八・明治元）年七月の波崎村名主石橋彦兵衛の願書によれば、慶応四年の芹澤家本家の当主は「兵太」である(127)。成幹の子の美幹でも三雄でもない。芹澤家本家の先祖通幹の三男は、石橋彦兵衛を名乗った。通幹は、貞幹の十一代前である。初代彦兵衛は、後の常陸国鹿島郡波崎村（古くは東下、後に東下村）の荒れ地を開拓し、槍一筋帯刀御免となり、以後代々名主を務めた家柄である。慶応四年当時の石橋彦兵衛も、やはり名主を務めており、明治六（一八六九）年には東下村の戸長（村長）にもなった(128)。墓碑によれば、石橋

石橋彦兵衛墓碑（小林義忠氏提供）

彦兵衛は、天保六（一八三五）年に生まれ、明治二十七（一八九四）年十一月に六十歳で亡くなった（小林義忠氏写真提供）。この彦兵衛は、慶応四年当時三十四歳であった。この石橋彦兵衛の慶応四年の願書には、四月に「本家芹沢兵太殿宅え罷出候処[129]」とある。また、元治元（一八六四）年九月二十二日から十二月までの諸生党戦士の治療記録（「御追討ニ付戦士疵療治扣」）によると、芹澤兵部（成幹）と芹澤兵太の二人の名が並記されており、共にその治療に当たったことが分かる[130]。同姓で並記され、後に書かれている点から弟であろう。兵太は、長男の兄が亡くなり、次男が捕らえられたため、おそらく一時的に芹澤家本家の当主になっていた。ところがこの兵太は、釣洋一氏の『新選組再掘記』の芹澤家系図には、記載されていない。芹澤家本家の墓地にも兵太の墓碑はない。四男の庄七が養子に出され、五男が後を嗣ぐとは、常識的には考えられないため、兵太は三男の可能性が高い。通常は、庄七が四男で養子に出され、残った三男の兵太が芹澤家を嗣いだと考えるべきである。しかし、三男と思われる兵太も四男庄七も、貞幹が記したと思われる『芹澤家譜』にも、美幹が記したと思われる『芹澤家譜』（ホ本）にも書かれていない。

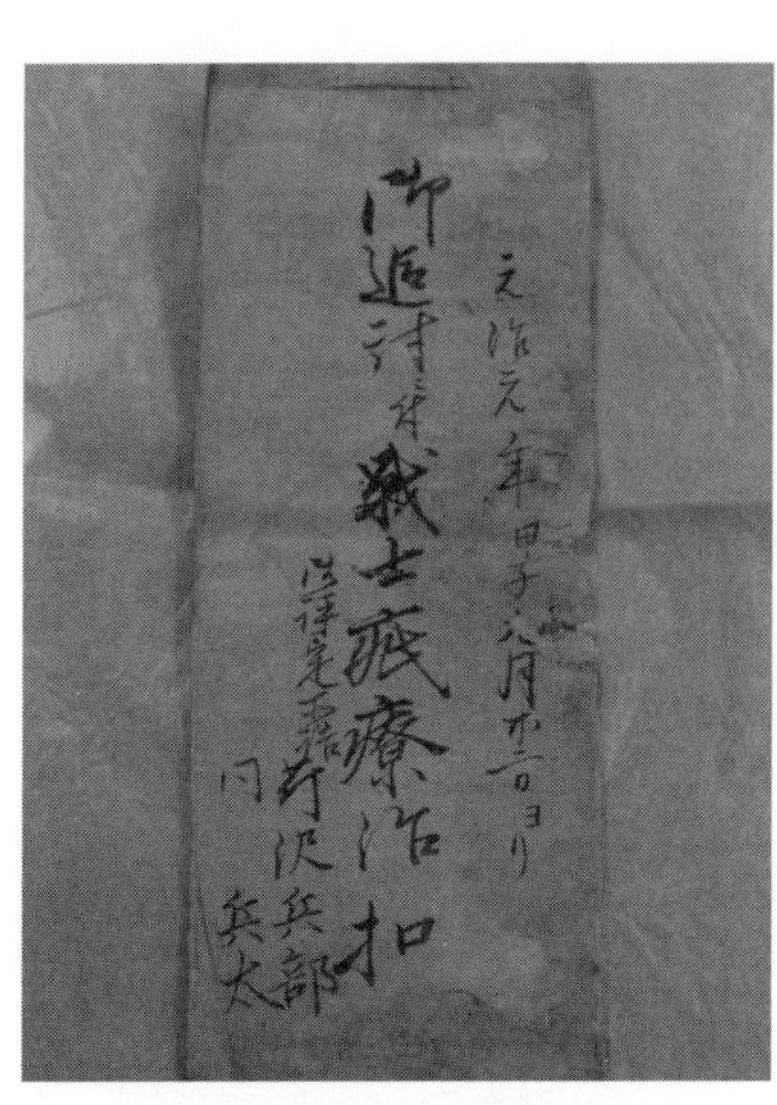

芹澤兵部（成幹）と芹澤兵太の、
諸生党戦士治療記録

兵太は、文化十二（一八一五）年から文政六（一八二三）年までの出生であろう。

　話を法眼寺の過去帳の写真に戻したい。あさくら氏が「玄太」と読んだ「玄」の字は、筆者には「玄」と読めず、「兵」と読める。中央の横棒が長いのは、「兵」のくずし字の特徴である。『新選組を探る』に掲載された過去帳一行目の「玄」の字とは、書体を考慮しても明らかに異なる。つまり、立派な戒名の女性は兵太の妻である。三男ではあったとしても、仮にも芹澤家本家当主の妻である。立派な戒名の女性は鴨の妻などではない。妻の戒名の下に、夫の「幼名」をことさら書くとも思えない。そもそも芹澤貞幹に、「玄太」などという子はいない。行方市の郷土史家海老澤幸雄氏は、『玉造史叢』第四十五集で、鴨（玄太）が十五歳の時延方（のぶかた）郷校で医学や尊皇攘夷の思想を学んだ述べている。清水理繪氏は、『新選組史跡事典』（東日本編）で、鴨が「潮来（いたこ）郷校で学んだといわれる」（一一三頁）と述べている。いずれも出典や根拠が示されていない。当家に伝わる逸話だとしても矛盾している。存在しないはずの「玄太」は、「芹澤貞幹三男説」を唱える研究者達により都合よく利用された。

以上の点をまとめると、『芹澤家譜』には記されていないが、芹澤家本家貞幹の三男は兵太である可能性が高く、四男は勿論文政七年生まれの庄七である。長男興幹が亡くなり次男成幹が入牢した後は、三男と思われる兵太が家督を嗣いだ。興幹には子がないが、成幹の長男美幹が成人するに伴い、兵太は芹澤家を出されたか、或いは自ら身を引いて当主の座を譲ったと思われる。芹澤貞幹の三男が二人いるわけはない。あさくらゆう氏の言う文政九年生まれの「玄太」など、存在しない。文政九年出生なら、五男のはずである。

諸生党の治療をしている点から考えると、兵部も兵太も諸生党であった可能性が高い。石橋彦兵衛の願書も、彦兵衛が諸生党であることを示している。諸生党を匿ったため、禄高没収になってしまうので、水戸藩の役人に頼んで何とかして欲しいと、親類筋である芹澤家分家の亀三郎や小澤家、芹澤家本家の兵太や大森氏に頼むという内容であるが、兵太にしても諸生党であったろうから、それどころでなかったかも知れない。兄二人が亡くなったため当主になったはいいが、兵太自身天狗党から追われる立場だろうから、当主らしいこともできなかったかと思われる。墓がないのもうなずける。

また、芹澤家本家の墓にある家紋は二つで、揚羽蝶（あげはちょう）紋と、丸に九曜紋である。子母澤寛の著書『新選組始末記』に書かれた、八木家次男の回顧録による、「人並以上に大きく開いた扇の紋どころ(131)」でもないし、芹澤雄二氏の著書『芹澤家の歴史』に書かれた、通幹が家康から金扇と陣餅七つを与えられた記念に改めたという、「七本骨の扇に七星」でもない。芹澤雄二氏は、通幹が「それまでの左巴に九曜と五七の桐紋を七本骨の扇に七星に改め」たという(132)。「七本骨の扇に七星」は、幕紋で陣幕に使用されていた。「本家貞幹の三男」が間違いなら、当然のことながら家紋も一致しないと思う。ついでながら、墓碑や古文書によれば、芹澤家では「芹」を、草冠の下に、「イ（人偏）」に「丁」の字をよく用いていた。

十　「芹澤鴨」研究に関する諸問題

筆者がこれだけ「元神官下村嗣次＝芹澤鴨説」や「芹澤鴨＝芹澤貞幹三男説」の疑問点を並べても、今なおこの通説を信じて疑わない学者や研究者が多い。特に、芹澤鴨が芹沢村の芹澤貞幹三男である可能性は、今の所ない。論述にも無理な点が多い。筆者の言う「芹澤家分家出生説」が仮説だというなら、多くの学者や研究者が主張する「芹澤家本家出生説（通説）」も仮説である。現時点で証明できるものがないことは、どちらも同じである。通説に根拠がないのにも関わらず、もう一つの説に証明できるものがないからと言う理由で通説を擁護するのは、如何なものかと思う。多くの研究者が、『水府系纂』に書かれていないからと言う理由で、「芹澤又衛門義幹の弟」の存在を否定しておきながら、『芹澤家譜』に書かれていない「芹澤貞幹三男」の存在を肯定するのは、明らかに矛盾している。通説のように、そもそも水戸藩上席郷士（苗字帯刀は許されても、郷士であって藩士ではない）芹澤貞幹や神官下村祐斎の子が、元水戸藩士の新見錦（新家粂太郎）を従え、壬生浪士組の隊長でいられたのであろうか。水戸学を学び、武士の作法や心得を知る者を当面の頭に据えるのは当然であろう。できればこうした議論はもう止めにし、研究を先に進めたい。そうでないといつまで経っても、新選組が日本史の中で論じられることがないだろう。

永倉新八の『新撰組顛末記』や『浪士文久報国記事』に記載がないからとか、西村兼文の著書に信憑性がないからという意見もあるが、筆者は寧ろ芹澤鴨に関する限り、永倉新八の記述が必ずしも信用できるとは思えない。ましてや、永倉新八に関係のある書物には、永倉が直接関わることのない記述、つまり伝聞記録が多数含まれている。大和屋焼き打ち事件を論じる時、伝聞記録を認めないとする見解があるが、永倉の芹澤鴨に関する記述こそ、多くが伝聞記録である。芹澤鴨の出生地を存在しない「真壁郡芹沢村」と書き、肝心要の芹澤鴨の殺害日を六日や十八日と記し、考えられない殺害者名を記し、挙げ句の果ては、自分で見てもいない芹澤の天狗派時代の話を記している。新見錦の「京都詰腹説」等も伝聞記録である。有栖川宮の副使大原重徳(しげのり)を新選組が警護する話も、誤って「六月頃」と記した。特に浪士組以前の芹澤鴨に関する話は、永倉自身の聞いた話や創作が元になっている。浪士組以後においても、一例を挙げれば、永倉が、近藤が芹澤に平謝りしたと述べた本庄宿での大篝火事件は、実は近藤と無関係であったことが明らかである(133)。これらに関しては、第一〜三章(『常総の歴史』第四六〜四八号など)で既に述べた通りである。

筆者としても、永倉新八を悪く言いたくはない。新選組が、これ程までに人々に知られるようになった陰には、永倉新八の大きな功績がある。しかし芹澤鴨や新見錦に関しては、永倉新八に関わる書物の限界を認めない限り、いつまで経っても史実が明らかにならない。本来なら筆者も永倉の言ったことを信じたいが、『新撰組顛末記』は永倉新八自身が書いたのではない。『浪士文久報国記事』も、多くの伝聞記録を含んでいる。しかも、いずれも後年の回想録である。残念ながら、史実を追究する立場からはっきりと言わせて頂ければ、芹澤や新見や平間に関しては、永倉自身が現場にいて目撃したこと、あるいは当事者として関わったこと以外、信じるのは危険である。

星亮一氏が『新選組と会津藩』（平凡社新書）の「はじめに」で述べたように、大学に籍を置く幕末維新史の研究家が参画するようになって、新選組研究の幅が広くなり厚みが増したのは事実かも知れない。しかし、自身の新選組論にその研究成果を組み入れたと主張する研究家の芹澤鴨像は、今なお、永倉新八の伝聞記録を随所にちりばめた、旧態依然のものである。大学に籍を置く幕末維新史の研究家でさえ、在野の研究家が結論づけた、この芹澤鴨の通説を今でも支持している。大学に籍を置く研究者が、芹澤鴨の通説を支持したため、却って史実が歪められてしまった。在野の新選組研究家以上に責任重大である。

あさくら氏は講演で、平間重助が芹沢村出身であるから、芹澤鴨も同村出身だと言う。しかし、『芹澤家譜』に名前があるとか、嘉永五（一八五二）年の庚申講の記録に「重助」と書かれているというだけでは、新選組の平間重助とは言い切れないと思う。過去帳に「芹沢　重助」という記載があると言うが、写真が不鮮明で、必ずしも「重」とは読めないと思う。もちろん、当時の芹沢村で、「重助」と名乗った人物が他にいないことが前提になる。出自についても、平間勘右衛門家の政治氏の兄で、京都に上ったまま行方不明になったという説や、岩手県で養蚕教師となり明治二十三（一八九〇）年に亡くなったという説や、芹澤家本家近くに入り口のあった平間忠衛門家の出で、明治七年に亡くなったという説や、松村巌が『土佐史談』七一号で述べたように、「武州多摩郡石田村住」（日野市に住んでいた）という説がある。今では、熱心に主張する研究家もおり、平間忠衛門家説が通説となっている。ひたちなか市の光明寺にある「平間十助子孫の墓」の碑文も、この説を元にしている。しかし、筆者はまだ、新選組の平間重助が芹沢村出身であるといえる決定的史料を、見た事がない。また、墓があると言う研究家もいるが、墓は碑文を変えることができる。壬生寺にある芹澤鴨の墓は現在四代目だそうで、最初に再建された時は「卒」の文字がなかった。墓や墓誌が作り替えられて、研究の役に立たなかった例もある。墓があるからその近くで亡くなったとも限らない。墓は、先祖を敬い慕う子孫の思いを、形にしたものである。本圀寺組の大﨑清太郎は、碑文によれば京都で亡くなったが、墓は潮来市清水にある。敦賀で亡くなった天狗党志士の墓は、水戸の回天神社や酒門共有墓地や常磐共有墓地にもある。芹澤や新見が「鴨」や「錦」と変名を名乗ったのに、同じ水戸派の平間重助が本名を名乗ったというのも不思議な感じがする。いずれにせよ、たとえ平間重助が芹沢村出身だとしても、それと芹澤鴨の出生とは別問題である。

あさくら氏は、お梅が西陣山名町の菱屋太兵衛の縁者で、埋葬地は前川家縁の休務寺ではなく長圓寺だという。しかし、子母澤寛の『新選組遺聞』には、「お梅の里が西陣」とあるだけで、「実家が西陣の菱屋」等とは書いてない。浦出卓郎氏によれば、山名町に「木南太兵衛」が実在し、前川家と木南家は親戚であるという。西陣は少し遠いので、木南家が遺体を引き取り、近くの休務寺に埋葬した可能性もある。また浦出氏によれば、菱屋太兵衛の名を早くから記したのは、中里介山の『大菩薩峠』「山科の巻」であるという。それを、子母澤寛が『新選組遺聞』で引用したと思われる。菱屋が「太兵衛」であったと証明できるものがない。永倉新八の『浪士文久報国記事』や『新撰組顛末記』には、「太兵衛」という名が書かれていない。逸話や伝承からは、お梅の埋葬地を特定できないと思う。余談ながら、当時四条堀川にも菱屋はあった。

まとめ

永倉新八の『浪士文久報国記事』で「芹沢村浪人」と言われて以降、百四十年の永きに渡り、芹澤鴨は芹沢村出身であると言われ続けてきた。幾つかの史料を基にそれを繰り返し主張したのが、昭和においては釣洋一氏（『新選組再掘記』）であり、平成においては、あさくらゆう氏（『新選組水戸派・新選組を創った男』）である。二人ともその通説の完成のために、芹澤家本家当主に協力を得ている。しかし今や、芹澤鴨が、芹沢村生まれで本家芹澤貞幹の三男である可能性は非常に少ないと思う。

あさくら氏による「芹澤本家貞幹三男幼名玄太説」は、もう筆者一人の力ではどうしようもない程通説化してしまった。今までの幕末維新史研究家や新選組研究家の多くは、この通説を支持している。またホームページ上も、通説を支持する言葉が溢れている。特に芹沢村のあった地元行方市では、「なめがた新選組まつり」において、この通説を完成させた研究者に度々講演を依頼している。行方市関係のホームページでも、この通説が今も発信されている。筆者はこれまでに何度となく、「芹澤鴨は芹沢村出身ではない可能性がある」と主張してきた。しかし行方市民の多くは、今なおあさくら氏の通説を支持している。地元の新聞も、芹澤鴨が芹沢村出身であると毎年報じている。残念だが行方市には、芹澤鴨本人に関わる物は何一つ残されていない。しかし幸いにも行方市には、新家粂太郎らのいた玉造郷校跡があり、新選組縁の地である事に変わりはない。

例えば、筆者の主張の一部に次の様なものがある。①芹澤鴨が芹沢村出身である可能性は、非常に少ない。②芹澤鴨は、芹澤又衛門義幹の弟（或いは、又衛門以幹の子）である可能性がある。③元神官下村嗣次が芹澤鴨と同一人物であるためには、幾つかの疑問点が解決されなければならない。④芹澤鴨の殺害日は、九月十六日の夜である可能性がある。筆者のこれらの主張の原点は、古賀茂作氏の著書や論文に負うところが大きい。筆者は、古賀茂作氏が十八年程前に論じてきたものを、検証し、一部訂正し、繰り返し主張しているに過ぎない。残念だが、その後の芹澤鴨研究に得る所は少ない。

古賀茂作氏が『歴史読本』（一九九七年十二月号）で述べたことを、長屋芳恵氏が、別冊歴史読本『新選組原論』（二〇〇一年）で批判した。これに対し古賀茂作氏は、別冊歴史読本『新選組組長列伝』（二〇〇二年）で反論した。しかし、長屋芳恵氏が『新選組銘々伝（四）』

（二〇〇三年）において芹澤鴨について論述した内容は、古賀氏の反論の肝心な点に応えていないように思える。しかも長屋芳恵氏は、この中で、「芹沢鴨と下村嗣次が同一人物であることはほぼ確実である。」と述べている。これは、以前に『新選組原論』で述べた主張と何ら変わらない。古賀氏は、「本名とまで言い切ったものがあるからには、下村家へいったん養子に行き再び芹沢姓を名乗ったと考えるのが、自然なのかも知れない。」（『歴史読本』一九九七年十二月号）や、「下村が芹沢宅に匿ってもらっていたという新事実から、芹沢家とは極めて密接な関係にあったことがうかがえる。」（別冊歴史読本『新選組組長列伝』）と述べている。しかし古賀氏は、元神官の下村嗣次と芹澤鴨が同一人物だなどとは、断定しなかったと思う。今のところ、二人が同一人物だと証明できるものは見当たらない。特に神官の下村嗣次については、疑問点が残されたままである。さらに長屋氏の論述では、「吉成恒次郎」がいつしか「吉成勇太郎」になり、「新家久米太郎」が「新家奈太郎」になっている。この論争以降、新選組に関する古賀氏の論述を見かけなくなってしまった。

一昨年、『常総の歴史』に芹澤鴨に関する拙稿を掲載し始めたとき、百四十年もの間言われてきた通説を覆すことは容易ではないと覚悟していた。それでも筆者は、新選組結成一五〇年を機に、芹澤鴨に関する史実を明らかにしたいと思った。今現在証明できる物などなくとも、真実は一つである。筆者の説が一部仮説であることは認めるが、通説に比べるとかなり信用のおける仮説である。通説を証明できる物がないにも関わらず、新説を証明できる物が見つかるまでは、通説を信じるという意見もある。大変残念である。一方で、郷土史研究家や歴史愛好家の一部に、筆者のこの主張に興味を示していただいている方がおられるのが、せめてもの救いである。この拙稿が完成したのは、一部の研究者や読者からの励ましの言葉に負うところが大きい。例えば昨年十月、茨城地方史研究会長の久信田（くしだ）喜一氏から、「今度の私の講演では、君の芹澤鴨に関する研究を参考にさせて頂くよ。」という、とても嬉しい言葉を頂いた。『産経新聞』（京都版）の「幕末維新伝」に掲載された、霊山歴史館副館長木村幸比古氏の新見錦論については、拙論と共通する部分があり大いに勇気づけられた。また水戸市の小林義忠氏からは、貴重な史料を提供して頂いた。霊山歴史館の学芸課長木村武仁氏にも、古文書の閲覧等でご協力頂いた。大阪の作家浦出卓郎氏にもご教示を頂いた。拙稿掲載の機会を与えて頂いた霊山歴史館の皆様にも、心からお礼申し上げたい。

ここで結論を急ぐには、余りにも芹澤鴨に関する史料が少なすぎる。しかし少ない史料ながらも、筆者は拙稿に全精力を傾注し、これだけ書いても分かって頂けないなら仕方がないという思いで、論じさせて頂いた。あさくらゆう氏の「芹澤貞幹三男幼名玄太説」は、もう完全に否定した。新選組研究に定評のある著名な幕末維新の歴史学者に、今回の掲載内容の要旨を事前にお知らせしたが、未だに信じて頂けない。以前別の拙稿をお見せした時にも信じて頂けなかった。鴨が誰か判明しない内は、通説を信じるそうである。それ程「芹澤貞幹三男説」を弁護されるなら、研究者にはそれを学術的に証明する責務がある。鴨が誰であるか判明するのを待つだけなら、研究者でなくてもできると思う。

今までの幕末史で余り取り上げられなかった、芹澤家本家・分家の人々や、新見、梅原、今泉、小嶋ら水戸藩浪士について論じる事ができたのは、望外の喜びである。今後は、水戸の芹澤又衛門家と関わりのある人物について調査したい。又衛門家だけに限らず、その親類にも視点を広げたい。神官下村嗣次＝芹澤鴨という前提にもこだわらない。本当の芹澤鴨研究は、やっとスタートラインに立ったところである。筆者は平成二十七年三月で、三十年以上勤めた公立学校を無事定年退職した。保護者や地域の皆様のご協力に深く感謝したい。教育事務所や委員会からは、筆者の望むような再任用の仕事はないと断られたが、筆者以外の定年退職者は、筆者が望んだような仕事に再任用されていた。納得はできないが、お陰で今後は歴史研究に専念できる。無職・無収入であるが時間はたっぷりあり、少々退屈である。筆者でお役に立てそうな講座や講演会の企画があれば、是非お声をかけて頂きたい。

「新見錦」や「芹澤鴨」に関しては、独自では中々得にくい各種史料を収集するために、共同研究の体を成した部分もあり、要望に応じ特定の協力者には筆者の原稿をお見せした。従って、本書発行以前に、筆者と同様の論述が新聞等に掲載される可能性もある。本書発行以前に筆者の論述と同様の内容が主流となっていた場合は、ご容赦願いたい。
またこの研究のため、多くの史跡や墓に訪れ、写真を撮らせて頂いた。末裔を辿ることが本意ではないが、史実を追い求めようとすると、新史料を発掘したり、末裔の方の話を伺ったりして、自身の説の裏付けを得たい時もあった。時には不愉快な思いをさせた方もいるかも知れない。そうした方々には、この場を借りてお詫び申し上げたい。また、通説を主張する研究家の論述と自説を比較検討しなければならないため、どうしても引用が、通説を主張する一部の研究家の論述からに偏ってしまった点はご容赦願いたい。さらに、史実解明のため写真等を掲載させて頂いた方や、多くの情報を提供して頂いた方々には、心から感謝申し上げたい。最後に、幕末維新に亡くなられた多くの志士のご冥福を祈りたい。

〔註〕

(1)拙稿『常総の歴史』第四六～四八号、崙書房、平成二十五～二十六年

（2）『常陽藝文』第二〇七号「新選組局長・芹沢鴨」九頁、二〇〇〇年八月号
（3）『芹澤家の歴史』芹澤雄二著九四頁、一五五頁、昭和四十九年・『常陽藝文』七頁、二〇〇〇年八月号
（4）『新選組始末記』子母澤寛著七〇頁、角川文庫、昭和四十四年
（5）『水戸藩尊皇志士略伝』大内地山著一七〇頁、昭和十一年
（6）『殉難死節之者履歴（九）』水戸市立中央図書館蔵。『殉難死節履歴』（東京大学史料編纂所）が元か。
（7）『水戸藩末史料』武熊武著二三枚目、明治三十五年、茨城県立歴史館蔵（坂井みち子家文書）
（8）『水戸藩史料』上編巻二九、七四五頁、吉川弘文館
（9）註（7）同書四五枚目
（10）『水戸藩史料』下編全、一五〜一七頁、昭和四十五年、吉川弘文館
（11）註（8）同書三三頁
（12）『水戸藩尊皇志士略伝』六〜一〇頁
（13）『水戸浪士佐原一件』『新選組京都の日々』一二一頁、日野市立新選組のふるさと歴史館

叢書第二輯、二〇〇七年。新家粂太郎は、『水府系纂』の通字と『井伊家史料幕末風聞探索書（下）』を元に、本文内では「粂」を用いる。
(14)『常野集二』『茨城県史料・幕末編Ⅲ』五〇頁、一九九三年所収
(15)『事情形勢史略』（四）小林義忠氏所蔵。該当箇所の複写を拝見。万延元年時点の年齢記載と仮定する。
(16)『大場伊三郎京都本圀寺風雲録』大山守大場家保存協会、三三一〜三三九頁、二〇一三年
(17)『水戸藩関係文書』日本史籍協会叢書一八一、四七九頁、東京大学出版会
(18)註（16）同書五七頁
(19)註（7）同書五三枚目
(20)『史籍雑纂・第四』一九六頁、国書刊行会、明治四十五年
(21)『内閣文庫所蔵史籍叢書一二』「鈴木大日記」八六六頁、汲古書院、一九八一年・『水戸藩史料』下編三、一一一頁
(22)註（21）『内閣文庫所蔵史籍叢書一二』三三九頁
(23)別冊歴史読本『新選組組長列伝』二〇二頁、二〇〇二年七月、新人物往来社
(24)『水戸藩史料』下編、巻三、六二頁、一九七〇年

(25)註(24)同書七三〜四頁。『住谷信順日記(九)』三月二十九日に、「下村嗣次昨夜入牢」(東京大学史料編纂所)。

(26)『会津藩庁記録二』四七四〜四七七頁、日本史籍協会叢書二、東京大学出版会、昭和四十四年。『新撰組全隊士録』古賀茂作・鈴木亨編著二二一頁、講談社、二〇〇三年

(27)茨城県立歴史館史料叢書二『内閣文庫蔵茨城県史料下』八二、一五六頁、一九九九年　菅谷八次郎は、明治二年箱館出兵に参加。維新後名を「敬譲」と変え、明治四年県出仕、同五年宮内省出仕。

(28)『霊山祭神の研究—殉難志士履歴—』六六頁、霊山歴史館、平成十三年。『京都養正社所祭神名録』霊山歴史館蔵。黒澤仙次郎は、建白書には水戸藩出身とある。十津川郷士とも称した。御親兵として上京中の、慶応三年二月六日京都で病死。『大場伊三郎本圀寺風雲録』や『京衛雑纂』などの本圀寺組名簿に、黒澤の名が見当たらない。

(29)『奇兵隊日記(四)』日本史籍協会叢書、四三〇頁・『続・防府市史』三九〇頁、昭和五十六年

(30)『京衛雑纂』「慶応元年十一月在京者人名」茨城県立歴史館蔵(川瀬教文関係文書)

(31)『元治元年小川館詰合附』、『鉾田町史研究七瀬』第八号所収・『鹿行の文化財』第三四号

五四頁、平成十六年
(32)『南梁年録』八十四、『茨城県史料幕末編Ⅲ』四三九頁、一九九三年所収
(33)『水戸市史（中巻五）』二二四頁、平成二年
(34)『水戸幕末風雲録』〈覆刻版〉田中光顕監修、常陽明治記念会編三二七頁、暁印書館、昭和五十一年
(35)別冊歴史読本『新選組原論』五九頁、新人物往来社、二〇〇一年九月
(36)註（23）同書二〇四頁
(37)『大日本維新史料稿本抄（水戸藩関係）』「照沼平三郎書翰」一四〇～一四二頁、東京大学史料編纂所
(38)註（16）同書三二一～九頁
(39)註（16）同書一一四～五頁
(40)『水戸藩の世相』山本秋広著四一二～四頁、昭和四十一年
(41)『中岡慎太郎新訂陸援隊始末記』平尾道雄著二五〇頁、白竜社、昭和四十一年・『中岡慎太郎伝』松岡司著二九五頁、新人物往来社、一九九九年
(42)註（41）同書『中岡慎太郎新訂陸援隊始末記』二五〇頁・『中岡慎太郎伝』二九六頁

(43)『常総古今の学と術と人』大内地山編二八一頁、水戸学塾、昭和十年。「新家忠衛門」に、「ニイノミ」とふりがなが付けられている。
(44)『新編姓氏家系辞書』太田亮著・丹羽基二編九六五頁、秋田書店、昭和四十九年
(45)『新選組日誌・上』菊地明・伊東成郎・山村竜也編八一頁、新人物往来社、一九九五年
(46)『天誅組烈士吉村寅太郎』(平尾道雄著)によれば、正親町一行は、京都を十四日に出発とあるが(二一六頁)、『損蒋漫録』(『維新日乗纂輯(二)』収録、三七九頁)では、山口着が十一日で、『大久保利通関係文書(三)』の大坂木場伝内の書簡によれば、十日宮市着で、十六日山口着とある(八八頁)。『幕末維新変革史(上)』(宮地正人著四〇二頁、岩波書店、二〇一二年)には、十四日に監察使に任じられたとあり、『維新史料綱要(四)』や『攘夷の幕末史』(町田明広著一四三頁、講談社現代新書、二〇一〇年)では、十六日出立とある。
(47)『幕末生野義挙の研究』(但馬草莽の社会経済的背景)前嶋雅光著二一八頁、明石書店、一九九二年
(48)『麻生町史(通史編)』麻生町教育委員会編六〇九頁、平成十四年。この本では、「梅原」が「楳原」となっており、小島新七郎が小嶋新七となっている。新七の義父の峰重(十)

が峰十郎とも名乗っていたので、新七が新七郎を名乗っていた可能性もある。

(49)『天誅組烈士吉村寅太郎』平尾道雄著二一六頁、大道書房、昭和十六年。『中山忠能日記二』八五頁、日本史籍協会叢書一五五、昭和四十八年覆刻

(50)『幕末生野義挙の研究』（但馬草莽の社会経済的背景）前嶋雅光著二二八頁、明石書店、一九九二年

(51)『野史台維新史料叢書九　日記二』七四頁、日本史籍協会編、東京大学出版会、昭和四十八年

(52)『続防府市史』山口県防府市教育委員会三九〇頁、昭和五十六年覆刻

(53)『生野義挙止其同志』澤宣一・望月茂共著一七七頁、春川会、昭和七年

(54)註（53）同書一七八頁。『回天實記（上）』（土方久元著、東京通信社、明治三十三年）によれば、伝聞ではあるが、九月十日に黒崎を出帆したとある（十頁）。『正親町公董旅中日記』（『維新日乗纂輯（二）』収録）によれば、十月二十八日帰京とある（四頁）。ここでは、十月帰京説を採用した。

(55)「産経新聞」京都版、二〇一四年二月二十五日「幕末維新伝」二八、木村幸比古執筆分。『京都養正社所祭神名録』霊山歴史館蔵

(56)この前木鈷次郎が、あさくらゆう氏の『新選組を探る』では、前木銀三郎とある。『生野義挙止其同志』や『幕末生野義挙の研究』、後述する『明治維新草莽運動史』などでは、鈷次郎、錮次郎、七郎と書かれることはあっても、銀三郎とは書かれていない。『正親町公董旅中日記』(三〇〇頁)や『損棄漫録』(三八三頁)は、従臣が書いたものである。『会津藩庁記録(二)公武御達並見聞集』でも銀十郎とある。どちらも誤りか、変名の一部ではないかと思う。特に後者では、関口泰一郎、梅原助九郎、新泉小太郎、今泉與太郎などとなっており(二一八頁)、水戸藩親兵の姓名に関しては、あまり信用できない。公用方の記録なら信用できるとは限らない。

(57)註(50)同書三三頁。釣洋一氏は『幕末維新史事典』(小西四郎監修一八〇頁、新人物往来社、昭和五十八年)において、川又左一郎が、慶応元年十月十八日病死あるいは斬殺と述べているが、文久三年の可能性が高い。

(58)『明治維新草莽運動史』高木俊輔著八八頁、勁草書房、一九七四年

(59)『麻生の文化』第五号、麻生町郷土文化研究会編九三頁

(60)『茨城県史料(幕末編Ⅲ)』四〇七~四四〇頁、一九九三年

(61)『幕末維新全殉難者名鑑』明田鉄雄編・新人物往来社、昭和六十一年

(62)『川瀬教文関係文書』「長州情勢等書上」茨城県立歴史館蔵
(63)『安達清風日記』四七四頁、日本史籍協会叢書九、東京大学出版会、昭和四十四年覆刻
(64)『大久保利通関係文書（三）』立教大学日本史研究会九四～九七頁、吉川弘文館、昭和四十三年
(65)『新選組　京都の日々』日野市立新選組のふるさと歴史館叢書第二輯七頁、二〇〇七年
(66)『新選組』（「最後の武士」の実像）大石学著八九頁、中央公論社、二〇〇四年
(67)註（45）同書一五八頁。『維新日乗纂輯（三）』「水戸藩士酒泉直滞京日記」一七一頁、大塚武松編、日本史籍協会、一九二八年
(68)『中山忠能日記』（三）日本史籍協会編百三頁、東京大学出版会、昭和四十八年覆刻
(69)『奥田家文書』（第七巻）奥田家文書研究会編五九八頁、仕置書八四三、大阪府同和事業促進協議会
(70・73)註（55）同新聞
(71)註（45）同書五四頁。小林義忠氏所蔵の『事情形勢史略』（四）によると、同書が万延元年に記録されたとすれば、新家粂太郎は、万延元年玉造郷校にいたとき二十四歳であるため、天保八年（一八三七）の生まれとなる。

(72) 註(21)同書八六六頁
(74)『歴史と旅』「謎と異説の新選組」八七頁、昭和五十五年十一月号
(75) 註(45)同書五三頁・『尽忠報国勇士姓名録』
(76) 註(45)同書七四頁
(77) 註(45)同書七五頁
(78) 註(45)同書九一頁。二〇一五年二月十九日の『京都新聞』によれば、文久三年五月の三条通河原町東入ルの旅籠「万屋」宛の借用証があり、新家粂太郎は壬生浪士を抜けて、吉成勇太郎や今泉与一太郎と活動していた。
(79)『中山忠能日記』(四)日本史籍協会編六四四頁、東京大学出版会、大正五年
(80)『新選組を探る』あさくらゆう著二八六頁、潮書房光人社、二〇一四年
(81)『新選組』松浦玲著三一〜九頁、岩波新書、二〇〇三年
(82・83)『新選組謎解き散歩』菊地明著一七七頁、新人物文庫、二〇一四年。『復京日記』加藤桜老著五七四頁、『榊陰年譜』(笠間稲荷神社宮司塙瑞比古編、昭和五十四年)所収。『復京日記』も、『近光日記』も、『榊陰年譜』に所収。『復京日記』の六〇九頁には、新家粂太郎の名が新見久米次郎とある。これは、新家＝新見であることの根拠の一つでもある。

菊地明氏は、『復京日記』を引用するのであれば、なぜこの一文を引用しないのだろう。
(84)註（82）同書一七五頁
(85)註（82）同書一七八頁。『池田家文庫』吉成勇太郎筆「尊攘之儀ニ付建白書」(岡山大学附属図書館所蔵）に、新家粂太郎について「壬生浪人も手ニ余し候」と書かれている。これも新家＝新見の根拠の一つである。
(86)『復刻・山口県寺院沿革史全』可児茂公編四二六頁、防長史料出版社、昭和五十二年、広島県立図書館蔵
(87)註（82）同書一七七頁
(88)「贈位之儀内申旧水戸藩士吉成恒次郎・事蹟」国立公文書館蔵（デジタルアーカイブ）
(89)註（49）『天誅組烈士吉村虎太郎』二〇三頁
(90)註（80）同書一六八頁。『近光日記』五月二十三日、加藤桜老は、吉成勇太郎から芹澤鴨や近藤勇の話を聞いた。
(91)『新選組遺聞』子母澤寛著一四八頁、中央公論新社、二〇一二年
(92)註（91）同書九九頁
(93)『常総の歴史』第四七号、拙稿「新選組芹澤鴨と下村嗣次について」七一～七四頁、崙書

房、平成二十五年
(94)註(15)同書
(95)『新選組水戸派・新選組を創った男』あさくらゆう著一一頁、玉造町観光協会、平成十六年
(96)歴史群像シリーズ七二『新選組隊士伝』「蒼き群狼、その生と死の断章」一〇七頁、学習研究社、二〇〇四年
(97)『新選組謎とき八八話』菊地明著二一六頁、PHP研究所、二〇一三年。『茨城県幕末史年表』茨城県史編さん幕末維新史部会編一四二頁、茨城県、昭和四十八年
あさくらゆう氏は、大赦を『新選組を創った男』(平成十六年)の中で、文久二年十二月十八日としている。『水戸藩史料』(下編巻一、三三頁)によれば、駒込邸内の幽閉者は十七日放免とあるが、水戸藩領内に幽囚された者の赦免は、『維新史料綱要』にある通り、二十六日とするのが妥当かと思われる。
(98)註(96)同書一〇三頁
(99)『玉造史叢』(第四五集)海老澤幸雄執筆「新選組初代筆頭局長」一六頁、玉造郷土文化研究会、平成十六年

(100・104)『常総の歴史』第四七号、拙稿「新選組芹澤鴨と下村嗣次について」七五頁、崙書房、二〇一三年
(101)『千葉県の歴史』資料編近世Ｉ〈房総全域〉三〇一「万延二年正月天狗党浪士佐原騒動一件留書」八八一頁
(102)『新選組　京都の日々』日野市立新選組のふるさと歴史館叢書第二輯一一五頁、二〇〇七年
(103)別冊歴史読本『新選組大全史』清水理繪執筆「芹澤鴨出自探索紀行」一六七頁、新人物往来社、二〇〇三年
(105)『改訂水戸の町名―地理と歴史』江原忠昭編集二五九頁、水戸市役所、昭和六十年
(106)『江戸時代の水戸を語る』前田香径著五〇頁、常陸書房、昭和五十八年
(107)註（23）同書二〇三頁。『改訂水戸の町名―地理と歴史』茨城地理歴史の会代表江原忠昭編二五七～九頁、水戸市役所、昭和六十年
(108)『東茨城郡酒門士族・共有墓地々図一筆限帳』水戸市立中央図書館蔵
(109・116)『殉難死節之者履歴（九）』七一～七二頁、水戸市立中央図書館蔵
(110)註（5）同書一七〇頁

(111・113)「三月十九日田中内閣書記官長故芹澤軍曹母への一時限扶助料下賜に関する辞令発布の通牒」JACAR（アジア歴史資料センター）Ref・C一〇〇七三一一一二〇〇、明治十九年（防衛省防衛研究所）

(112)『鎮霊社祭祀人名簿』茨城県護国神社、茨城県立歴史館コピー蔵。『明治十九年武官扶助料』（国立公文書館つくば分館蔵）には、弘化三（一八四六）年八月十六日出生、明治十一（一八七八）年五月三十一日死亡で、三十一歳二ヶ月とあるが、新暦に直しても計算が合わない。本文では取りあえず、『名簿』の年齢を採用。

(114)歴史群像シリーズ七二『新選組隊士伝』「蒼き群狼、その生と死の断章」一〇七頁、学習研究社、二〇〇四年

(115)『水府系纂』第七三巻四九～五三頁、茨城県立歴史館蔵

(117)『新選組再掘記』釣洋一著一四六頁、新人物往来社、昭和四七

(118)註（95）同書二頁。あさくら氏は、歴史群像シリーズ七二『新選組隊士伝』で、「幼名を玄太という」と断定している。赤間倭子著『新選組残照』（東洋書院、一九九四年、六三頁）によれば、『芹澤家の歴史』の著者で芹澤家本家当主の芹澤雄二（道幹）氏自身、「芹澤鴨本家貞幹三男説」を疑問に思っていた時期があった。

(119)歴史群像シリーズ七二『新選組隊士伝』「蒼き群狼、その生と死の断章」一〇七頁、学習研究社、二〇〇四年
(120)『鹿島郡郷土史』塙泉嶺編著一二六頁、賢美閣、一九七九年
(121・122)昭和大礼贈位書類第三冊「故長谷川庄七」(内務省二)国立公文書館蔵(デジタルアーカイブ)
(123)『歴史のなかの新選組』宮地正人著二四六頁、岩波書店、二〇〇四年
(124)『鹿行の文化財』第三四号「小川館尊皇攘夷連名帳」五二頁、鹿行地方文化研究会、平成十六年
(125)『筑波義軍旗挙』(上)山口誠太郎著、二六頁、筑波書林、一九八七年
(126)『幕末維新全殉難者名鑑①』明田鉄男編二二七頁、新人物往来社、昭和六十一年
(127・129)『茨城県史料・近世社会経済編Ⅲ』茨城県史編さん近世史第二部会編五七八頁、一九八八年
(128)『波崎町史料一』波崎町史編さん専門委員会編一三三頁、昭和五十六年
(130)『ひたち小川の文化』二五号、「御追討ニ付戦士疵療治扣」井坂浚庸執筆分四~十頁、小川町郷土文化研究会。芹澤兵部(成幹)と兵太作成の「御追討ニ付戦士疵療治扣」は、小

美玉市立小川資料館蔵

(131)『新選組始末記』子母澤寛著七〇頁、角川文庫、昭和四十四年

(132)『芹澤家の歴史』芹澤雄二著七四頁、昭和四十九年

(133)『歴史読本』「新選組京都十五大事件の謎」一九八〜二〇三頁、二〇一二年九月号

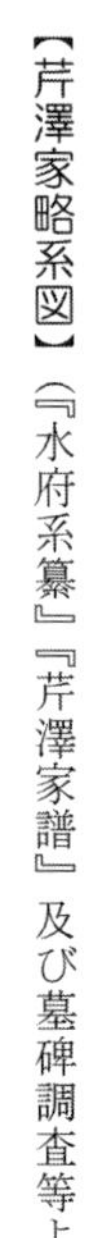
【芹澤家略系図】（『水府系纂』『芹澤家譜』及び墓碑調査等より）

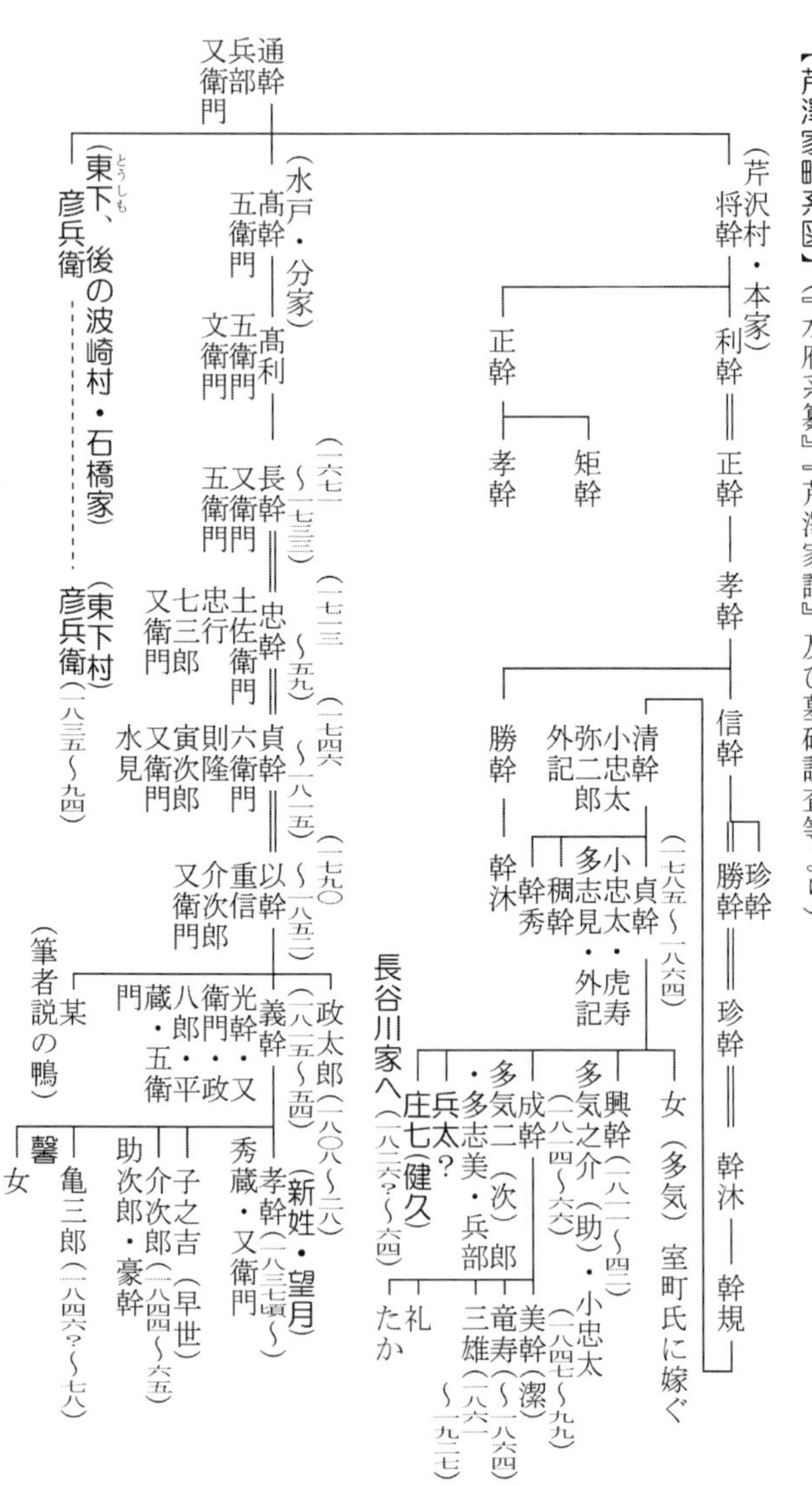
通幹 兵部 又衛門
（芹沢村・本家）将幹
利幹
正幹
孝幹
正幹
矩幹
孝幹
信幹
珍幹
勝幹
珍幹
幹沐
幹規
清幹 小忠太 弥二郎 外記
勝幹
幹沐
貞幹 小忠太・虎寿 多志見・外記（一七八五〜一八六四）
稠幹
幹秀
女（多気）室町氏に嫁ぐ
興幹（一八二一〜四三）多気之介（助）・小忠太
成幹（一八二四〜六六）
多気二（次）郎・多志美・兵部
兵太？
庄七（健久）
長谷川家へ（一八二六?〜六四）
美幹（潔）（一八四七〜九九）
竜寿（〜一八六四）
三雄（一八六一〜一九三七）
礼
たか
（水戸・分家）高幹 五衛門
高利 五衛門 文衛門
長幹 又衛門 五衛門（一六七一〜一七三三）
忠幹 土佐衛門 忠行 七三郎 又衛門（一七一三〜五九）
貞幹 六衛門 則隆 寅次郎 又衛門 水見（一七四六〜一八一五）
以幹 重信 介次郎 又衛門（一七九〇〜一八五三）
政太郎（一八〇八〜二八）
義幹 光幹・又衛門・政八郎・平蔵・五衛門（一八一五〜五四）
某（筆者説の鴨）
孝幹（新姓・望月）（一八三七頃〜）秀蔵・又衛門
子之吉（早世）
介次郎（一八四四〜六五）助次郎・豪幹
亀三郎（一八四六?〜七八）
馨
女
（東下、後の波崎村・石橋家）彦兵衛
とうしも
（東下村）彦兵衛（一八三五〜九四）

あとがき

本書を読まれた方で、「新選組」についての予備知識の少ない方は、すでにお分かり頂けたことと思う。芹澤鴨についての予備知識のある方は、却ってその先入観から逃れられないため、今なお筆者の説を疑っておられることだろう。

永倉新八の『新撰組顛末記』における「芹沢村の産」説や、釣洋一氏の『新選組再掘記』や、あさくらゆう氏の『新選組を創った男』における「芹澤貞幹三男」説などは、矛盾点や疑問点で一杯である。どちらの説も、証明できるものは見当たらない。

筆者の主張をまとめると、芹澤鴨は、「行方郡芹沢村の産」や「芹澤貞幹三男」である可能性はない。芹澤鴨が玉造勢の松井村神官下村嗣（継）次と同一人物であるとは、言い切れない。いくつかの疑問点が、まだ解決されていないからである。芹澤鴨は、水戸藩士芹澤又衛門義幹の弟（或いは又衛門以幹の子）で、水戸出身の可能性がある。芹澤鴨の殺害には、幾つかの理由が考えられる。一つとは限らない。

芹澤鴨に関する限り、永倉新八の記述が必ずしも信用できるとは思えない。永倉新八に関係のある書物には、永倉が直接関わることのない記述、つまり伝聞記録が多い。芹澤や新見に関しては、永倉自身が現場にいて目撃したこと以外、史実でないことが多い。

これまでの芹澤鴨に関する論述の多くは、西村兼文や永倉新八や子母澤寛の著書の中から、美味しいところを集めて、つぎはぎしているように思えてならないのは、筆者だけだろうか。それに、松村巌や鹿島桜巷や釣洋一氏の話が付け加えられることもあるだろうが、何れにせよ、史実かどうか疑わしい内容が多い。

また、芹澤鴨について書かれた著書には、出典が書いていない本が多く、追跡調査ができないことが多い。ある本に書かれていると言っても、古文書などは特に、研究者によって意訳や解釈が異なるため、原文を見ないことには話にならない。しかし、ある本のどこに書かれているのか、書かれていないことが多い。『会津藩庁記録』や『維新史料綱要』や『水府系纂』に書かれていると言っても、膨大な史料を追跡するのは、大変な作業である。

筆者は、これから芹澤鴨の研究をされる方に、少しでもお役に立てるようにという気持ちで書いた。従って今後は、この筆者の論述をもとに、更に詳細な研究成果が報告されることを期待するものである。

芹澤鴨に関わる研究が、これまで如何に史実から遠ざかっていたか、お分かり頂けたことと思う。これを機会に、読者の皆さんには、「芹澤鴨」について原点に立ち返って考えて頂けたらと思う。尚筆者は、幕末維新史や新選組研究の専門家ではない。できるだけ間違いの無いように、分かり易い文章を心がけたつもりではあるが、至らぬ点はお許し頂きたい。
最後に、本書を編成するに当たり、崙書房と霊山歴史館の皆様から温かなご理解を得たことに感謝申し上げます。また自費出版に当たりご協力頂いた、出版社担当の伊藤氏にも心からお礼申し上げたい。

平成二十七年十一月二日

箱根　紀千也

〔著者略歴〕
箱根　紀千也（はこね　きちや）
1955年　茨城県行方市生まれ
昭和53年　明治大学商学部卒業
平成27年　茨城県公立小学校を定年退職
現在：茨城県行方市郷土史研究家
主な論述：『常総の歴史』第46~48号（崙書房）や『霊山歴史館紀要』第22号に論文を掲載。例年、地元行方市の年刊誌『玉造史叢』に郷土史に関する論文を掲載。

新選組局長　芹澤鴨

2015年12月20日　初版第1刷発行
2024年 7月11日　　第2刷発行

著　者　箱根紀千也
発行所　ブイツーソリューション
〒466-0848　名古屋市昭和区長戸町4-40
電話 052-799-7391　Fax 052-799-7984
発売元　星雲社（共同出版社・流通責任出版社）
〒112-0005　東京都文京区水道1-3-30
電話 03-3868-3275　Fax 03-3868-6588
印刷所　藤原印刷
ISBN 978-4-434-21388-5